Negociação
Para PROFISSIONAIS do SETOR PÚBLICO

Yann Duzert | Frank Zerunyan | Márcia Moraes

Negociação
Para PROFISSIONAIS do SETOR PÚBLICO

Técnicas de solução consensual com
Governança Colaborativa
em harmonia com
Agenda 2030 da ONU

ALTA BOOKS
EDITORA
Rio de Janeiro, 2021

Newgociação para Profissionais do Setor Público
Copyright © 2021 da Starlin Alta Editora e Consultoria Eireli. ISBN: 978-85-5081-484-1

Todos os direitos estão reservados e protegidos por Lei. Nenhuma parte deste livro, sem autorização prévia por escrito da editora, poderá ser reproduzida ou transmitida. A violação dos Direitos Autorais é crime estabelecido na Lei nº 9.610/98 e com punição de acordo com o artigo 184 do Código Penal.

A editora não se responsabiliza pelo conteúdo da obra, formulada exclusivamente pelo(s) autor(es).

Marcas Registradas: Todos os termos mencionados e reconhecidos como Marca Registrada e/ou Comercial são de responsabilidade de seus proprietários. A editora informa não estar associada a nenhum produto e/ou fornecedor apresentado no livro.

Impresso no Brasil — 1ª Edição, 2021 — Edição revisada conforme o Acordo Ortográfico da Língua Portuguesa de 2009.

Produção Editorial	**Produtor Editorial**	**Marketing Editorial**	**Editor de Aquisição**
Editora Alta Books	Illysabelle Trajano	Livia Carvalho	José Rugeri
	Thiê Alves	Gabriela Carvalho	j.rugeri@altabooks.com.br
Gerência Editorial		marketing@altabooks.com.br	
Anderson Vieira	**Assistente Editorial**		
	Rodrigo Ramos	**Coordenação de Eventos**	
Gerência Comercial		Viviane Paiva	
Daniele Fonseca		eventos@altabooks.com.br	

Equipe Editorial	**Equipe de Design**	**Equipe Comercial**
Ian Verçosa	Larissa Lima	Daiana Costa
Luana Goulart	Marcelli Ferreira	Daniel Leal
Maria de Lourdes Borges	Paulo Gomes	Kaique Luiz
Raquel Porto		Tairone Oliveira
Thales Silva		Vanessa Leite

Revisão Gramatical	**Diagramação**	**Capa**
Flavia Carrara	Daniel Vargas	Lucia Quaresma
Luciano Gonçalves		

Publique seu livro com a Alta Books. Para mais informações envie um e-mail para autoria@altabooks.com.br

Obra disponível para venda corporativa e/ou personalizada. Para mais informações, fale com projetos@altabooks.com.br

Erratas e arquivos de apoio: No site da editora relatamos, com a devida correção, qualquer erro encontrado em nossos livros, bem como disponibilizamos arquivos de apoio se aplicáveis à obra em questão.

Acesse o site **www.altabooks.com.br** e procure pelo título do livro desejado para ter acesso às erratas, aos arquivos de apoio e/ou a outros conteúdos aplicáveis à obra.

Suporte Técnico: A obra é comercializada na forma em que está, sem direito a suporte técnico ou orientação pessoal/exclusiva ao leitor.

A editora não se responsabiliza pela manutenção, atualização e idioma dos sites referidos pelos autores nesta obra.

Ouvidoria: ouvidoria@altabooks.com.br

Dados Internacionais de Catalogação na Publicação (CIP) de acordo com ISBD

D988n   Duzert, Yann

           Newgociação para Profissionais do Setor Público: Técnicas de Solução Consensual com Governança Colaborativa em Harmonia com Agenda 2030 da ONU / Yann Duzert, Frank Zerunyan, Márcia Moraes. - Rio de Janeiro : Alta Books, 2021.
           208 p. ; 16cm x 23cm.

           ISBN: 978-85-5081-484-1

           1. Governança. 2. Negociação. 3. Newgociação. I. Zerunyan, Frank. II. Moraes, Márcia. III. Título.

2020-3629   CDD 658.4
                 CDU 658.114

Elaborado por Vagner Rodolfo da Silva - CRB-8/9410

Rua Viúva Cláudio, 291 — Bairro Industrial do Jacaré
CEP: 20.970-031 — Rio de Janeiro (RJ)
Tels.: (21) 3278-8069 / 3278-8419
www.altabooks.com.br — altabooks@altabooks.com.br
www.facebook.com/altabooks — www.instagram.com/altabooks

Yann Duzert. Ph.D em Gestão de Risco, da Informação e da Decisão pela École Normale Supérieure Paris-Saclay. Professor da Rennes School of Business. Pós-doutor pela MIT-Harvard no Public Disputes Program. CEO da Temperance Lta e da Newgotion Dispute Board.

Frank Vram Zerunyan, J.D., Professor de Prática Governança e Diretor de Educação Executiva na Universidade do Sul da Califórnia (Sol Price School of Public Policy); Prefeito de três mandatos da cidade de Rolling Hills, Califórnia.

Márcia Maria Rodrigues de Moraes, Professora Universitária, Advogada, Mestre e Doutora, Juíza Arbitral dos Juizados Especiais, Mediadora e Conciliadora judicial cadastrada pelo CNJ, Especialista CEE, CEO Inovar Consultoria, Consultora Educacional e Master Coach, membro do Newgotiation, da Associação Brasileira de Mulheres de Carreira Jurídica e do Grupo Mulheres do Brasil.

AGRADECIMENTOS

Fizemos todos os esforços para comprimir nossa discussão, para tornar este livro curto, direto ao ponto e rico em exemplos da vida real. Nosso objetivo é usar este livro, assim como nosso outro treinamento para capacitação dos nossos alunos e profissionais do setor público. A este respeito, queremos agradecer aos nossos amigos e colegas da academia, bem como em cargos públicos, pela sua assistência e encorajamento para escrever este livro.

Estamos, também, gratos pela inestimável contribuição do nosso bom amigo e colega Professor Ali Abbas, um estudioso e praticante realizador de decisão, análise de risco e tomada de decisão baseada em dados. Ele disciplina Engenharia de Sistemas Industriais e Políticas Públicas, por meio de perspectiva única na teoria e prática da informação, e o capítulo enfoca os elementos básicos da decisão, juntamente com "reflexões sobre os efeitos da complexidade organizacional e estruturas de incentivo no ambiente de tomada de decisão". Nós encontramos sua contribuição para este livro vital à luz do fato de que newgociação é tudo sobre o direito ou *"quadro útil"*, como ele chama, no processo de tomada de decisão.

Queremos, ainda, agradecer aos nossos alunos que nos ajudaram na pesquisa e nos forneceram um laboratório incrível para testar e sermos testados em nossos assuntos. Nós, como professores em proeminente pesquisa em universidades, sabemos que a qualidade de nossos alunos diretamente correlaciona a nossa capacidade de pesquisar e educar. Por isso, agradeço-lhes por suas contribuições.

Eu, em particular, Márcia Moraes, agradeço ao Frank e ao Yann pelo convite para tradução e adaptação dessa obra tão contagiante, que contribuiu para meu aprendizado e crescimento como ser humano. Às minhas eternas companheiras e amigas, minha mãe Durvalina (*in memoriam*) e minha filha Camila, com quem tenho ligação de alma.

SUMÁRIO

| Prefácio   Xiii

| Introdução   Xvii

| Capitulo 01
| Contexto da Colaboração na Governança no Brasil e no Mundo   1

| Capitulo 02
| Gênese e Evolução da Newgociação como Processo Ético   33

| Capitulo 03
| Atores: Identidade e Características dos Negociadores   47
| Caracterísiticas dos Newgociadores: 47
| O Autoritário   48
| O Controlador   52
| O Facilitador   55
| O Empreendedor   62
| O Visionário   64

Capitulo 04
Newgociação como um Processo — 69

Capitulo 05
Os Seis Elementos da Qualidade da Decisão, Por Ali E. Abbas, Phd — 73

Seis Elementos de Uma Decisão: — 74

Quadro Útil: Alternativas Criativas, Útil, Em Formação, Limpar Valores, Raciocínio Sadio e Comprometimento. — 76

Oportunidades e Desafios para a Tomada de Decisões Nas Organizações — 78

Capitulo 06
A Técnica 4–10–10 de Newgociação — 83

Etapas Da Técnica 4–10–10 — 83

10 Elementos da Técnica 4–10–10 — 89

Contexto — 90

Interesse — 93

Opções — 99

Poder — 100

Cognição — 113

Relacionamento — 117

Concessões — 123

Conformidade ao Estado De Direito — 125

Critérios — 128

Tempo — 132

Capitulo 07
Avaliação da Newgociação Concluída — 139

Capitulo 08
Newgociação na Prática 147

Etapas 147

Passo 1 — Preparação 148

Passo 2 — Criação de Valor 152

Etapa 3 — Distribuição de Valor 153

Etapa 4 — Implementação 153

Capitulo 09
Papel da Liderança em Nossa Prática de Newgociação 157

Capitulo 10
Conclusão — Nosso Objetivo é a Newgociação 169

Apêndice A 177

Bibliografia 179

Índice 183

PREFÁCIO

Nós gastamos 80% da nossa vida negociando com pessoas. De acordo com o Carnegie Institute of Technology, 85% do nosso sucesso financeiro é atribuível à nossa personalidade e habilidades em *"engenharia humana"*. Essas habilidades, dentre outras, incluem comunicação, autoconfiança, iniciativa, empatia, newgociação e liderança. Em contraste, apenas 15% do nosso sucesso financeiro se deve às habilidades, mesmo que passemos longos anos de nossa educação para adquiri-las.

Enquanto não subestimamos a importância da educação, o psicólogo israelense–americano, vencedor do Prêmio Nobel, Daniel Kahneman, descobriu que as pessoas preferem conduzir negócios com uma pessoa que eles gostam e respeitam, em vez de uma pessoa que eles não gostam ou não podem confiar, mesmo que essa pessoa esteja oferecendo um produto com melhor preço.

Em um estudo conduzido pela Hay/McBer Research, o grupo de inovação, inteligência emocional e habilidades superou a inteligência técnica. Na L'Oréal, agentes de vendas selecionados com base em sua forte inteligência emocional efetivaram vendas significativamente mais eficazes do que as selecionadas sob antigos processos. Em uma companhia de seguros nacional, agentes de vendas de seguros com fortes competências emocionais venderam mais do que o mais forte concorrente.

Em uma grande empresa de bebidas, 50% de novas contratações deixaram de ser efetivadas dentro de dois anos, por conta do desempenho. Quando a empresa começou a contratar com base em um novo critério, usando inteligência emocional, apenas 6% saíram em dois anos. De acordo com a Forbes, as empresas da *Fortune 500* têm uma baixa taxa de sucesso em implementação de projetos. De 100 projetos, apenas 30 são implementados, 70 falham por falta de habilidades humanas, como a liderança e poucas habilidades de newgociação entre os departamentos internos. De acordo com o programa de negociação de Harvard, 95% dos americanos executivos nunca receberam educação formal de negociação ou de resolução de conflitos.

A abordagem metodológica da newgociação enfatiza as condições fisiológicas na interação dos diferentes tipos de atores com níveis variados de poder. *Newgociação para Profissionais do Setor Público* transmite ferramentas práticas para governança pública, executivos, gestores e profissionais da área do setor público para melhorar o desempenho e as relações nesse mercado multissetorial e global altamente competitivo.

Newgociação para Profissionais do Setor Público explora instrumentos pedagógicos para os gestores públicos se concentrarem por meio da colaboração, relacionamentos e confiança. Em todo o nosso processo de "newgotiation" há momentos de reflexão alternando com momentos de ação, permitindo que cada participante crie um caminho para um ganha/ganha significativo. Nossa metodologia é toda sobre a identificação de problemas potenciais, elaboração de soluções e estruturação de criação de valor e distribuição de valor com base em prioridades organizacionais, valores e ética.

Para melhorar a formação pedagogia entre os profissionais do setor público, criamos a nossa 4–10–10, técnica de newgociação como um dialeto unificador, que ajuda organizações públicas e privadas a falarem na mesma linguagem para realizarem um melhor negócio. Armado com o mesmo léxico de ingredientes, todos podem alcançar melhores habilidades, construindo reputação e confiança. Newgociação é um processo que pode ser ensinado. Com nossa contribuição neste livro, assim como nossos módulos de treinamento no mundo, esperamos criar melhores ambientes para a intersetorialidade, colaborações e newgociações.

INTRODUÇÃO

Este livro curto e de fácil leitura oferece uma nova visão para os profissionais do setor público negociarem, desenvolvendo tópicos acadêmicos e práticos que impactam diretamente a vida cotidiana, comportamentos, hábitos e habilidades de funcionários públicos bem-sucedidos na arte e ciência de newgociação.

Livros acadêmicos, artigos e alguns manuais de prática foram escritos sobre o assunto temático único de *Newgociação*, no entanto, nenhum que pudéssemos encontrar, especificamente, que se dirija aos profissionais do setor público no contexto da administração pública, destacando especialmente *"governança"* em oposição a *"governo"*. O primeiro mandato legislativo implica que o desenvolvimento e implementação de políticas públicas e administração é cada vez mais compartilhado entre uma pluralidade de atores. Usamos esse tópico de governança e, mais importante, ***"governança colaborativa"*** para enquadrar nosso assunto, que nós chamamos de ***"Newgociação"***, que requer uma mentalidade diferente com esforço colaborativo para buscar o bem comum.

Governança é tudo sobre a busca pelo ganha/ganha, que espelha nosso novo processo de newgociação que exploramos neste livro.

O tema governança corporativa começou a ser estudado na década de 1970, no âmbito das Organizações Privadas, devido ao processo de aglutinação societária, principalmente nos Estados Unidos da América, e se intensificou com a ocorrência de casos de quase falência de algumas empresas consideradas sólidas no mercado em que atuavam.

Somos professores da prática de Governança e Newgociação. Nós nos preocupamos com exploração e aplicação da melhor forma de estudos possíveis e melhores práticas disponíveis em administração e gestão. As inovações cívicas criadas nas *torres de marfim* de nossas universidades de pesquisa criam um mundo ou atmosfera onde intelectuais se envolvem em questionamentos desvinculados das preocupações práticas do dia a dia, indicando uma desvinculação deliberada do mundo cotidiano.

Nós acreditamos que o serviço público é um chamado nobre e para a grande maioria dos gestores públicos no esforço para servir a própria comunidade, cidade, distrito, município, estado ou país, ganhar a confiança das pessoas é um sentimento especial para todos os que servem em cargos públicos, especialmente em mandato eleito. Infelizmente, nos últimos anos, temos testemunhado a degradação dessa confiança com as exibições mais notórias de conduta imprópria a um profissional do setor público.

Este livro chega em um momento em que os cidadãos, a nível global, nacional, estadual e municipal estão exigindo melhor governança, maior participação nos assuntos públicos, mais integridade e responsabilização dos profissionais do setor público em todas as formas de newgociação.

Nós, ao escrevermos este livro, tivemos a intenção de orientar os profissionais do setor público para:

1. enfocar boas práticas de governança ética;
2. adaptar-se ao novo paradigma de colaboração e construção de consenso;
3. reconhecer os piores e melhores negociadores e suas táticas;
4. rever desafios e oportunidades para alcançar a *"integração"* de interesses ou o *"ganha/ganha"*;
5. criar valor para as pessoas que eles representam;
6. distribuir valor para sustentar a longo prazo um viável relacionamento com os parceiros de newgociação;
7. facilitar a colaboração por meio de liderança.

A orientação que descrevemos é uma nova perspectiva, fornecendo estrutura baseada na teoria normativa, mas, ao mesmo tempo, é sugestiva de áreas para análise empírica escrita para profissionais do setor público em todo o mundo. Nós não somos ingênuos o suficiente para pensar que nós fornecemos neste livro uma mágica ou *"prata rara"* para lidar e resolver todas as newgociações. Nós simplesmente tentamos ajudar os profissionais do setor público para encontrar o quadro de colaboração e alcançar o desejado, mas dificilmente obtido ganha/ganha por meio do resultado. Buscamos um novo estilo, uma nova mentalidade, um novo relacionamento com a liderança no contexto de administração pública, com estrutura normativa, mas, ao mesmo tempo, sugestivo de áreas para análise empírica escrito para estar em todo o mundo.

Este livro é o culminar do nosso trabalho ao longo de 18 anos da Fundação Getúlio Vargas (FGV), no Rio de Janeiro-RJ, em colaboração com nossos colegas da Universidade do Sul, da Universidade de Goiás, Escola de Políticas Públicas da California Sol Price (USC). Juntos, nós construímos um método moderno de newgociação adaptado aos gestores do setor público, que chamamos de *"Newgociação para Profissionais do Setor Público".*

O método subjacente foi publicado em numerosos seminários acadêmicos e já é discutido em 18 livros publicados por 3 prêmios Nobel, nossos colegas da FGV, USC, Universidade de Harvard, Instituto de Tecnologia de Massachusetts (MIT), Universidade de Stanford, Instituto Universitário de Lisboa (ISCTE), Escola Superior de Guerra, Escola Superior de Magistratura, École Supérieure des Sciences Économiques et Commerciales (ESSEC), École Supérieure de Commerce de Paris (ESCP) e Universidade Federal do Rio de Janeiro (UFRJ).

Esse método é baseado na matriz de newgociação complexa chamada 4–10–10, técnica que é ensinada para mais de um milhão de pessoas em todo o mundo, incluindo o Brasil, China, França, Itália, México e Estados Unidos da América.

Pesquisas mostram que gastamos mais de 80% de nossas vidas negociando com nossa família, vizinhos, colegas, fornecedores, acionistas e nossos governos. A palavra *negociação,* em latim *Nega Otium,* significa negar o lazer, tempo livre ou prazer. Essa definição implica que devotamos a maior parte de nossas vidas para uma ocupação, um negócio ou atividade que é ineficaz. Muitas vezes, descrevemos a negociação como competição de luta livre, uma luta ou uma guerra. O mundo corporativo, bem como o público, em geral, continua a comprar o livro de Sun Tsu, *A Arte da Guerra.* Nesse livro, a newgociação é descrita como uma tática de guerra, uma estratégia de xadrez, um quadro onde um ganha e o outro perde. Assim, a pedagogia tradicional da newgociação se concentra em estratégias beligerantes, manipulações e jogos de persuasão.

A newgociação tradicional é definida como um jogo de poder, influência, táticas políticas. Infelizmente, no mundo moderno, esta velha escola, representação de newgociação é o que a Kodak é para o Iphone: a velha rival impotente, obsoleta. As organizações públicas do século XXI não podem mais decidir racionalmente com base na autoridade e poder e muito menos contando com ferramentas ultrapassadas. Um governo federal, estadual e local tem chance de 80% de ser submetido a uma grande crise por não conseguir ser aceito. Essa fragilidade requer um quadro diferente de competição, luta ou guerra. Organizações públicas não podem mais permitir decisões com base na racionalidade da maioria. Os jogos de poder, as regras da maioria, nem sempre são suficientes para executar decisões.

Muitas vezes uma minoria pode bloquear uma decisão. Uma minoria pode impor regras, normas e posições de poder. A força das redes sociais coloca o indivíduo no centro da newgociação. David e Golias na nova era digital revelam a importância da transparência, integridade, reputação e confiança. Essas são habilidades e características compartilhadas na governança, newgociação e liderança.

Uma estrutura opaca fica congelada no tempo, onde os vários departamentos da organização operam em um contexto onde não existe mais função. Profissionais do setor público, hoje, valorizam um novo estilo de newgociação, com base na elegância moral, governança colaborativa, sustentabilidade e desenvolvimento. Os gestores públicos buscam mudar sua cultura para obterem o sucesso do Vale do Silício, desburocratizando e compartimentalizando por meio da colaboração e inovação. Um estudo descobriu que as organizações que têm hábitos graciosos, serviço cordial e pensamento de longo prazo aproveitam as melhores margens e sustentabilidade do futuro. A gestão operacional é estratégica, no entanto não vale muito, se não estiver harmonizada com uma relação de marketing.

O presidente Clinton mencionou, em uma conferência da qual nós participamos, que a maioria dos conflitos que ele teve que resolver começou e terminou com a *gestão da identidade*. O paradigma de newgociação que abordamos neste livro leva em conta este triângulo: *interesses, identidade e comunicação*. As newgociações teóricas, nomeadamente a literatura baseada em interesses estabelecidos entre estudiosos e profissionais em Harvard, levaram em conta alguns elementos de newgociação harmonizados aos interesses; esse método, que tem agora 30 anos, permanece eficaz, mas incompleto.

Optamos que este livro está enraizado na literatura, teoria, análise e prática, algumas das quais são refletidas pelo nosso original trabalho em governança, boa tomada de decisão e newgociação. Nós vemos este livro como uma newgociação teórica e prática, uma visão para a liderança pública com foco no papel e responsabilidade do profissional do setor público, ambos eleitos e nomeados. Enquanto nossa principal direção é para os gestores dos governos nas esferas federais, estaduais e municipais, vemos, claramente, aplicações para qualquer profissional do setor público ou funcionário em qualquer cargo público.

Queremos reconhecer que optamos por não fazer este livro acadêmico, no sentido de documentar fontes utilizadas em grandes detalhes bibliográficos. Nós fornecemos informações sobre autores, títulos de livros e artigos de periódicos que tornam possível que nossos leitores procurem facilmente por essas fontes quando mais detalhes ou informação são desejados. Na verdade, esperamos que nossos leitores sejam estimulados o suficiente para buscar mais informações sobre as fontes a serem discutidas neste livro, bem como nosso assunto.

Contexto da Colaboração na Governança no Brasil e no Mundo

Acreditamos que o campo da administração pública esteja passando por mudança de paradigma na "direção da sociedade" de *"governo"* para *"governança"*. O último termo implica que o desenvolvimento e implementação de políticas públicas são cada vez mais distribuídas ou compartilhadas entre uma pluralidade de atores e setores. Hoje, público, organizações privadas, sem fins lucrativos ou não governamentais (ONGs), e as OS (Organizações Sociais, às vezes chamadas de 4º setor) são muito mais conectados e predispostos a colaborar.

Esses setores, organizações ou pessoas, cada um com seus próprios interesses, motivações, recursos e capacidades estão fornecendo oportunidades sem precedentes para reestruturar os governos para melhor. Acordos de colaboração, hoje, especialmente, entre os setores, preveem novas abordagens para a organização de administração. Talvez por mais de um século, o público, privado e não para setores de lucro desenvolvidos intrassetorialmente, mas explorados e consumidos intersetorialmente. Os *"silos"* hierárquicos, que acontecem quando uma empresa não é capaz de fazer com que seus setores se comuniquem e cooperem para um único objetivo comum, o sucesso do negócio, geralmente ignoram o outro, criando tensões duradouras e violações de confiança. Enquanto os três setores geralmente servem o mesmo eleitorado (o público), suas motivações e intenções são bastante diferentes e inconsistentes na estrutura.

O setor público continua sendo o mordomo e guardião do estado de direito, da justiça social, do interesse público e da prestação de "bens públicos". O setor privado, por outro lado, centra-se nos lucros, no interesse privado e nos "bens privados". Interesses e bens concorrem e, por vezes, em detrimento dos de outros. Ironicamente, nenhum dos dois pode existir sem o outro. Wall Street é inimaginável sem regras e regulamentos. Nós temos décadas de história e exemplos para ilustrar esse ponto. O irresponsável, pior e menos pensativo, na melhor das hipóteses, a falta de leis, as desregulamentações de poupança e empréstimos, o setor de energia na era Enron Corporation (líder no mundo em distribuição de energia e comunicações que decretou falência) e os recentes títulos hipotecários trouxeram de volta o privado e o público *"mercado de joelhos"* (manipulação das taxas interbancárias durante vários anos e a queda abrupta de Wall Street). Enquanto regulamentos e desregulamentações são questões de debate no contexto político, seus efeitos na Administração Pública são claros. Sem uma regra equilibrada e justa de lei, esses setores são incapazes de funcionar e muito menos de contribuir.

Nas páginas seguintes discutiremos a colaboração como um tópico para orientar nossos profissionais do setor público no contexto de liderança pública e newgociações que levam a resultados sustentáveis. Nosso ex-colega Warren Bennis articulou claramente "em uma sociedade global, em que a informação oportuna é a mais importante mercadoria, a colaboração não é simplesmente desejável, é inevitável."

Nossa esperança é orientar os profissionais do setor público, os órgãos da administração direta dos estados, Distrito Federal e municípios, autarquias, fundações públicas, empresas dependentes dos tesouros estaduais, do Distrito Federal e municipais, consórcios públicos, assembleias legislativas, câmara legislativa dos estados, Distrito Federal e municipais, tribunais de contas dos estados e do Distrito Federal, ministérios públicos e magistraturas dos estados e do Distrito Federal, territórios e municípios, Bancos do Brasil e Caixas Econômicas Federais, para melhor governança e serviço público.

As agências reguladoras a nível federal que em junho de 2019, por projeto de lei foi aprovado pela câmara e senado e sancionado pelo Presidente da República do Brasil, com veto a lista tríplice para dirigentes, argumentando que a prévia seleção pública para elaborar essas listas com nomes para comandar agência, invade a competência da Presidência. Esses entes da administração indireta regulam atividades de determinados setores, a exemplo dos setores de energia elétrica, telecomunicações, comercialização de petróleo, recursos hídricos, planos e seguros de saúde complementar, aviação civil e transportes; e fiscalizam e regulam atividades de serviços públicos executados por empresas privadas em diferentes setores da economia,

Por exemplo, Anatel (setor de telecomunicações), Aneel (setor de energia) ANP (Agência Nacional de Petróleo), ANS (Agência Nacional de Saúde), Anvisa (Agência Nacional de Vigilância Sanitária), ANAC (Agência Nacional de Aviação Civil). Por exemplo, a ANA — Agência Nacional de Águas, (Lei 9984/2000), Autarquia Federal, vinculada ao meio ambiente, responsável pela implementação da gestão dos recursos hídricos brasileiros, negocia com diferentes setores, como fazendeiros, prefeitura, distribuidora de energia elétrica e saneamento.

A ANP (Agência Nacional de Petróleo), gás natural e biocombustível (Lei 9.478/97), é o órgão regulador das atividades que integram as indústrias de petróleo, vinculada ao Ministério de Minas e Energia, negocia biodiesel por meio de leilão.

O Brasil tinha, em dezembro de 2018, um total de servidores públicos de 11,5 milhões de pessoas, divididos entre serviço público federal, estadual e municipal e poderes Executivo, Legislativo e Judiciário. Conforme dados divulgados pelo Instituto de Pesquisa Econômica Aplicada (Ipea), o total de servidores públicos aumentou 83% no Brasil em 20 anos e a maior parte do aumento foi no funcionalismo municipal, que ganhou impulso após a Constituição Federal de 1988 com os serviços de saúde, educação e assistência social. Nesse modelo, as parcerias público–privadas, por meio de contratos firmados entre os setores público e privado, trazem benefícios à saúde, educação, segurança, moradia, transporte, trabalho, lazer e alimentação. São apenas alguns dos chamados direitos sociais e dever do Estado, ou seja, condições mínimas, previstas na Constituição Federal do Brasil de 1988, para que os indivíduos possam usufruir de uma vida digna.

São inúmeras as formas com que o poder público pode trazer benefícios à população; uma delas é por meio dessas parcerias com o setor privado pautadas em resultados. E, no intuito de garantir a execução das atividades compartilhadas pelos parceiros, o governador de São Paulo, João Dória, em parceria com o BNDES — Banco Nacional de Desenvolvimento Econômico e Social —, cria um polo de desenvolvimento social com a finalidade de aumentar a produtividade do setor privado na indústria, atraindo investimento, impulsionando a inovação e a geração de emprego. A Petrobras, por meio de negociação com a chinesa CNPC, fez uma parceria que prevê a troca de petróleo da Bacia de Campos por aportes da empresa na China para a conclusão de obra em refinaria no Rio de Janeiro.

As parcerias e criação de legislação única são também estratégias para reduzir gastos e trazer maiores benefícios à população. Temos, como exemplo, o lançamento do programa *"juntos pelo Araguaia"*, feito pelos estados de Goiás e Mato Grosso em parceria com o governo federal, visando recuperar a bacia do Araguaia, produzindo e preservando o meio ambiente. Visando propiciar resultados positivos às políticas públicas e à preservação do patrimônio do estado, o governador de Goiás, Ronaldo Caiado, lança o Programa de Compliance Público do Poder Executivo do Estado de Goiás, coordenado pela Controladoria Geral do Estado (CGE), que se fundamenta em *quatro eixos principais: a gestão da ética, a transparência, a responsabilização e gestão de risco*. Como princípio da boa governança pública, o governo deve ter compromisso com valores éticos e transparência nos atos, ações e decisões praticadas no intuito de detectar e tratar eventuais desvios e garantia da boa execução de políticas públicas.

Historicamente, as colaborações nos trouxeram inovações e surpreendentes projetos. No setor privado, colaborações de inovadores e conjuntos de habilidades criados pela Apple, Disney, Hewlett Packard e até mesmo o filme *Star Wars*. No setor público, as colaborações facilitaram o Plano de Lakewood, de 1954, na Califórnia, permitindo que os municípios contratem outros governos e setores para a entrega de serviços municipais especiais. Essas colaborações fornecem estatutariamente serviços municipais especiais definidos em finanças, economia, contabilidade, engenharia, administração e direito, criando um sistema eficiente de administração pública. No Brasil, por meio de decreto, o governo federal ampliou as contratações indiretas para empresas públicas e sociedades de economia mista controladas pela União, como o Banco do Brasil, Caixa Econômica Federal, Petrobras, Correios e Eletrobras, e uma das diretrizes do decreto é a premissa que a Administração Pública Federal contrata serviços e não a mão de obra.

Por exemplo, na cidade de Rolling Hills Estates, Califórnia, uma cidade de pouco mais de 8000 habitantes, os resíduos são recolhidos pela Gestão de Resíduos, uma empresa de engenharia de tráfego da cidade; e os serviços jurídicos também são entregues pelo setor privado. O xerife do condado de Los Angeles, Departamento e Corpo de Bombeiros são os primeiros socorristas da cidade de propriedades de Rolling Hills Estates, assim como o condado de Los Angeles. A cidade emprega diretamente apenas 19 pessoas, que gerenciam, principalmente, contratos com outros governos e com o setor privado para fornecer todos os serviços municipais necessários em propriedades de Rolling Hills Estates.

O impacto gerado pelos resíduos sólidos contribui para prejuízos aos cofres públicos, alagamentos, poluição da água, do ar, além de gerar impacto sobre a saúde pública, como doenças respiratórias e proliferação de insetos vetores de doenças. De fato, soa difícil e representa para o Brasil um desafio, cuja população supera 208,5 milhões de habitantes, dados do (IBGE/18), precisamos de educação ambiental, mas também de controle das empresas na biodegradação, na poluição e no uso de materiais menos agressivos ao meio ambiente. Cabe, portanto, às diferentes esferas de governo — União, Estados e Municípios — diversificarem suas estratégias para que se busque, ao máximo, fazer escolhas corretas, enquanto são desafiados pelo crescimento da população, pela necessidade de serviços de qualidade e pela falta de recursos financeiros.

No Brasil muito se discute sobre a geração de resíduos sólidos e os problemas socioambientais que acarreta. Segundo Confúcio, *"Você não pode mudar o vento, mas pode mudar as velas."* Citamos o exemplo da reciclagem, que é uma forma de educar as pessoas sobre problemas ambientais; é interessante como essas iniciativas podem ter impacto na mentalidade das pessoas. Podemos verificar a reciclagem do lixo em Curitiba, que foi destaque em simpósio da Unesco. Os programas municipais de reciclagem do lixo, *"Ecocidadão"* e *"Câmbio Verde"*, receberam elogios de especialistas internacionais em educação ambiental. O *"Ecocidadão"* visa a melhoria da qualidade de vida dos catadores de material reciclável da cidade e fortalece a coleta e separação de materiais recicláveis e reutilizáveis. O *"Câmbio Verde"*, onde cada quatro quilos de lixo valem um quilo de frutas e verduras, chamou a atenção do francês Louis Albert de Broglie, representante da instituição Deyrolle, de Paris, especialista em Educação Ambiental, Ciências Naturais e Planejamento Urbano; "É um programa fantástico", comentou. "A combinação de trabalho com o lixo e a troca por alimento traz muito mais respeito à comida."

A organização humanitária internacional *"Médicos Sem Fronteiras"*, que recebeu o Nobel da Paz de 1999 como reconhecimento do seu combate em favor da ingerência humanitária, combateu no Brasil a epidemia de cólera na Amazônia e o trabalho de medicina preventiva com tribos indígenas. No setor sem fins lucrativos ou de ONGs, o produto Red concebido por Bono e Robert Shriver, do U2, enfoca a erradicação da AIDS na África, conectando governos, organizações internacionais e empresas privadas para a missão. No Brasil temos um dos melhores programas de HIV/AIDS do mundo; segundo o médico Dráuzio Varella, a política de distribuição gratuita de medicamentos revolucionou o tratamento e reduziu a velocidade de disseminação da epidemia mundial.

A Apple, The Gap, Starbucks e outros produzem produtos Red para doar porções dos lucros para a missão. Além disso, uma colaboração provocada pelo ex-embaixador Morgenthau em 1919, criou a Cruz Vermelha pela Near East Relief Foundation para ajudar os órfãos do primeiro genocídio do século XX. O próximo East Relief Foundation arrecadou mais de 117 milhões de dólares em 1919 para os "armênios famintos". No Brasil, em comemoração ao Dia Mundial da Alimentação, a FAO/ONU — Organização das Nações Unidas para

Alimentação e Agricultura, lançou a campanha *"Um mundo#fomezero até 2030 é possível"*, com conscientização e ação global sobre a necessidade de garantir a segurança alimentar.

Hoje as colaborações exigem novas habilidades e conhecimentos. De acordo com a Harvard Business Review (HBR), essas novas habilidades exigem "apreciação muito mais profunda das necessidades da sociedade, compreensão das verdadeiras bases da produtividade da empresa e capacidade de colaborar entre os limites de lucros sem fins lucrativos. E o governo deve aprender a regular de forma que permita compartilhar valor em vez de trabalhar contra ele." HBR continua a explicar: "a solução reside no princípio do valor compartilhado, que envolve criando valor econômico de uma forma que também cria valor para a sociedade, abordando suas necessidades e desafios."

As empresas precisam se reconectar, sucesso na empresa com o progresso social. Valor compartilhado não é responsabilidade social, filantropia ou mesmo sustentabilidade, mas uma nova maneira de alcançar o sucesso econômico. Alinhando esse valor compartilhado, boas decisões e motivações fornecem nossa estrutura para governança colaborativa, bem como o que chamamos de newgociação. As reformas no Brasil também são necessárias e importantes para o desenvolvimento econômico do país; as estruturantes do governo federal, sob avaliação do congresso nacional, aprovaram a reforma da previdência, com sua versão final em outubro e promulgaram em novembro de 2019, foi bem recebida pelo mercado financeiro e em vigor poderá gerar uma economia na grandeza de 800 bilhões de reais, além de ajudar a resolver o problema fiscal que o Brasil enfrenta hoje no qual os gastos excedem as receitas.

Em todos os setores está presente a newgociação, TSE — Tribunal Superior Eleitoral — negocia com Dataprev o cruzamento de dados biométricos dos cidadãos (únicos em cada indivíduo), para checagem de informação das pessoas cadastradas na Previdência Social. É importante o uso da tecnologia para trazer mais segurança aos beneficiários do INSS e reduzir prejuízos bilionários ao instituto.

A corte eleitoral no Brasil é responsável pelo ICN, conforme determina a Lei 13.444/17. O comitê gestor do programa, que auxilia instituições públicas na verificação de informações a emitir identidade digital de todos os brasileiros, foi constituído por integrantes dos três Poderes: Executivo, Legislativo e Judiciário, em parceria com o presidente do INSS e presidente da Dataprev, no intuito de reduzir fraudes previdenciárias, facilitando, a partir dos interesses dos órgãos públicos, para a corte usar recursos tecnológicos de integração para conectar com a base de dados da Justiça Eleitoral, possibilitando ao TSE capacitar, controlar, fiscalizar, conferir segurança e atender aos usuários com maior rapidez.

Outro setor importante é o meio ambiente, a implementação do Código Florestal é decisiva para o cumprimento das metas assumidas pelo Brasil no Acordo de Paris. A Coalizão Brasil recomenda ao Congresso Nacional e ao governo brasileiro a efetiva implementação do código. Combater a ilegalidade deve ser a prioridade de qualquer governo, porque fortalecer o agro legal contribui para a imagem do setor no exterior, garantindo acesso aos mercados internacionais mais exigentes. A grande preocupação no Brasil deve ser de evitar o desmatamento na Amazônia, que, quase sempre, é de origem ilegal, o que prejudica o meio ambiente e o futuro da nação. O combate ao desmatamento ilegal representa uma forma de valorizar os esforços dos produtores rurais que cumprem a lei e sofrem com a desleal concorrência dos infratores.

O quadro competitivo (luta ou guerra) do século passado trás as violações da confiança que está em um estado de fluxo. Tensões construídas para criar vencedores e perdedores também conhecidas como *"hard power"* estão sendo reconsideradas e substituídas por *"poder inteligente"*. Discutiremos "poder inteligente" nos capítulos posteriores. As necessidades do século XXI e o contexto global dominado pela mídia ajudam a aliviar essas tensões e a proporcionar uma melhor compreensão de cada setor, por sua vez facilitando colaborações não necessariamente para se sentir bem, mas para melhorar a produtividade. Mudanças demográficas e preferências de millennials, a maior corte de compras em 2017, reorientam nossa atenção para uma pegada menor com uma economia compartilhada e conveniência por meio da *internet das coisas* (interconexão digital de objetos cotidianos com a internet).

Mais de um bilhão de pessoas têm smartphones para compartilhar coisas e colaborar. Como a segurança financeira das cidades enfraquece, a complexidade dos problemas da administração pública aumenta, e colaborar com parceiros que podem trazer novas perspectivas e recursos para a administração pública são ampliados. Aumentando o interesse entre os especialistas em tecnologia millennials, há a melhora do envolvimento e a alavancagem da mudança. As agências públicas estão começando a ver o benefício e posicionando-se para se alinharem com a alta tecnologia não orientada apenas em lucros, mas organizações inovadoras com fins lucrativos e cidadãos engajados para criar as ferramentas que permitem uma melhor governança.

O crescente número de inovações criativas fornece valiosas soluções para o setor público por meio da criação de aplicações móveis. A Code for America (CfA) é uma organização sem fins lucrativos, empenhada em trazer programadores de alta tecnologia em conjunto com governos para resolver problemas do mundo real. Empresas como Google, Esri e O'Reilly Media se uniram para não apenas patrocinar essas inovações, mas também fornecer capital humano para fazer esse bom trabalho.

As cidades inteligentes no mundo usam a tecnologia como solução de problemas urbanos e despertam cada vez mais o interesse do governo e da população, visando melhoria da qualidade de vida, de serviços públicos e da sustentabilidade. Já existem em vários locais, como Coreia do Sul, Espanha e Dinamarca. No Brasil, estão avançando aos poucos, São Paulo se destaca pelos investimentos em mobilidade urbana, com a criação de mais ciclovias e metrôs; Curitiba com a criação do Ecoelétrico, frotas de carros elétricos que prestam serviços públicos; e Croatá, São Gonçalo do Amarante, no Ceará, é a primeira cidade inteligente voltada para a habitação social no mundo, criada por moradores de baixa renda que poderão contar com infraestrutura e tecnologia avançada.

A cidade de Nova Orleans, em parceria com a CfA, em 2012, ajuda a resolver a lenta identificação de propriedades ameaçadas. Depois do furacão Katrina, a cidade de Nova Orleans ajudou os desenvolvedores a identificarem 35.000 propriedades abandonadas. A CfA lançou o BlightStatus, um aplicativo que vasculhou as camadas de dados digitais e forneceu informações em tempo real sobre propriedades arruinadas. Esse projeto, desde então, tem sido celebrado como um exemplo do que a inovação criou e que, implementado por atores não governamentais, pode resultar em governança.

O planejamento energético para 2027, não está refletindo em um futuro limpo e justo, é necessário buscar diferentes alternativas, temos por exemplo a Amazon Echo que interage com outros aparelhos, como ar condicionado, controle de iluminação, TV e um universo de variações que a automação pode nos dar a um custo relativamente baixo e podem ser usados juntamente com ela ou outros dispositivos, como a Nest, HomeKit e Alexa, da Amazon, estão enfrentando desafios energéticos em residências, onde 40% de toda energia é usada. Civic Insight, uma empresa do setor privado, projetou uma nova maneira de visualizar a permissão da cidade de Palo Alto, processo para torná-la mais fácil e transparente para os candidatos. Standby Task Force, ONG criada por Patrick Meier para combater a violência; qualquer um no Quênia com acesso a um telefone celular denuncia violações dos direitos humanos por meio de uma mensagem de texto. Essas mensagens foram mapeadas e atualizadas em tempo real, dando completa cobertura do Quênia. Agrupando o número de chamadas por localização, a Standby Task Force gerou um *"mapa de calor"*, que mostrou áreas de concentração com a maior parte da violência relatada.

Essa inovação de mapeamento de calor foi utilizada no Haiti quando um terremoto devastador atingiu a nação insular. Um mapa ao vivo de chamadas de socorro humano atualizado em tempo real guiou as equipes do núcleo marinho dos Estados Unidos para implantação estratégica. No Colorado, o aplicativo Adopt-a-Hydrant permite que os membros da comunidade assumam a responsabilidade por limparem a neve de hidrantes específicos em seus bairros. O trabalho de apenas alguns minutos pelos cidadãos revela-se vital em caso de um incêndio. Alinhando interesses, motivações e valores nesses exemplos de colaboração há a chave para seus sucessos, que, por sua vez, devem facilitar a governança de hoje. Todos os setores participam de eficiência e eficácia. Missão de alta tecnologia sem fins lucrativos, existem as redes para colocar essa força altamente qualificada e tecnicamente experiente em contato com causas significativas em um esforço para resolver problemas cívicos complexos.

O "UN-Habitat", programa das Nações Unidas, trabalha para o desenvolvimento de um futuro melhor, desenvolvendo projetos internacionalmente com a missão de promover povoações sustentáveis, tanto no âmbito social como ambiental, por exemplo a *"Participatory Slum Upgrading Programme"* (PSUP), desde o lançamento em 2008, se instalou em 38 países, inclusive no Brasil, e em mais 160 cidades para melhorar a vida de dois milhões de habitantes de favelas. A geração da inovação urbana, como por exemplo, por meio da prefeitura de

São Francisco, estimula a colaboração de funcionários governamentais, planejadores, com eventos inovadores como o *"Summer of Smart"*, com experiência em inovação urbana.

As agências públicas precisam apenas fornecer acesso a seus maiores ativos, os dados. Mais do que qualquer outro ativo, os órgãos públicos produzem uma riqueza de dados, que é pública. Esses dados podem ser usados para projetar aplicativos úteis, criar análises produtivas, encontrar padrões e adicionar um grande valor às agências que os criam. Essa forma de dados transparentes e gratuitos foi denominada *Open Data* e é uma função de um novo movimento, cunhado *Open Governo*. Dados abertos permitem que os cidadãos acessem coletivamente conhecimento e informação para criar serviços, sugerir novas ideias e identificar bugs críticos na infraestrutura e serviços que recebem. Tal conceito levou à criação de terceiros para, de forma criativa, solucionar problemas complexos das cidades que não têm meios ou capacidade de perseguir, dado o estado dos seus orçamentos ou recursos técnicos.

Nas mãos das pessoas certas, a inovação cívica é, agora, possível com um computador portátil, uma conexão com a internet e dados municipais públicos disponíveis. Mas haverá dias em que público com público, e público com parcerias privadas serão uma virtude de proximidade. Os esforços de colaboração entre os setores são, agora, sem limites. Governança colaborativa, com inovação cívica em seu núcleo, pode escalar rapidamente e em vários níveis. A ideia pode se desenvolver e se dimensionar rapidamente, mas o número de inovações em uma agência limita-se apenas pela largura da banda da administração pública, orquestrando a inovação. Isso começa a desafiar o modelo tradicional da administração pública que presta um serviço de governança e torna-se mais do que um gerente, um facilitador de muitos atores, trabalhando juntos para fornecer e encontrar soluções para os desafios da administração pública da vida real.

Constatamos que o setor privado ainda não se sentia compelido a um alinhamento com o Estado, pois existiam críticas em relação às políticas públicas. O setor público, por outro lado, não acreditava na capacidade das empresas em relação ao trabalho social. Hoje, na realidade, nós estamos vivendo uma nova era, onde não há limite do número de atores e colaboradores que podem se envolver com uma agência. Em vez de fornecer soluções, os governadores atuam como plataforma para permitir que vários atores forneçam soluções. A inovação é limitada apenas pela imaginação dos desenvolvedores e do público, com dados disponíveis para uso. Encontramos essas inovações na administração em todo o mundo, porque governos que priorizam pessoas nos processos decisórios dão oportunidade de a sociedade participar da promoção de políticas públicas.

Todas as demais áreas da vida pública e privada no Brasil e no mundo vivem momentos marcados por intensas transformações das relações sociais, na ciência e na tecnologia, o que tem afetado o ser humano. As constantes mudanças no contexto da administração pública definem aspecto de boa governança. A aplicação de mecanismo de inteligência rende resultados animadores, tais como garantir o crescimento das organizações de forma sustentável com menor risco, oferecendo soluções com melhores práticas e metodologias de governança corporativa, como comitês técnicos ou especialistas para o suporte à newgociação, monitoração por meio de análises factuais e evidências comparativas, transparência negocial e competição administrativa.

Como princípio da boa governança pública, os profissionais do setor público devem ter compromisso com valores éticos, cumprimentos de leis e regulamentos aplicáveis, transparência nos atos, ações e decisões praticadas para garantir o crescimento das organizações de forma sustentável e com menor risco; devem oferecer soluções com melhores práticas e metodologias de governança corporativa e, por meio de projetos, garantir o crescimento das organizações, que pode ser feito com uma norma sustentável, programas de anticorrupção e políticas e comissão de ética.

Os pesquisadores de Harvard sugerem que os profissionais do setor público devem praticar habilidades políticas que podem ser divididas em quatro dimensões: astúcia social, influência interpessoal, capacidade de networking e aparente sinceridade.

- **ASTÚCIA SOCIAL**: *refere-se à "capacidade de ler as outras pessoas e a autoconsciência para entender como elas o veem";*

- **INFLUÊNCIA INTERPESSOAL**: *refere-se à "uma capacidade convincente de afetar como e o que na forma que outras pessoas pensam";*

- **CAPACIDADE DE NETWORKING**: *refere-se à "capacidade de formar relacionamentos mutuamente benéficos com uma ampla gama de pessoas diferentes";*

- **APARENTE SINCERIDADE**: *refere-se à "parecer honesto, aberto e franco".*

No Brasil, crises econômicas recorrentes fizeram com que o Estado, principal ator do cenário econômico, buscasse modelos de desenvolvimento, ficando reservado a ele a função de agente normativo e regulador da atividade econômica. Por meio do Programa Nacional de Desestatização (Lei 9.491/97 e art. 174, caput da CF), serviços públicos em setores estratégicos foram transferidos aos particulares, a iniciativa privada, por meio de concessões, por exemplo, serviços de telefonia, eletricidade e exploração de petróleo e vários outros; por meio de decreto, o governo federal ampliou as contratações indiretas para empresas públicas e sociedades de economia mista controladas pela União, como o Banco do Brasil, Caixa Econômica Federal, Petrobras, Correios e Eletrobras; e uma das diretrizes do decreto é a premissa que a Administração Pública Federal contrata serviços e não a mão de obra.

Temos como excelente oportunidade de aumento de produtividade para a economia brasileira o desfecho dos acordos negociados há duas décadas por europeus e sul-americanos. *Mercosul e União Europeia* fecham acordo de livre comércio e são considerados um marco, um fato histórico. Segundo integrantes do bloco, o mais ambicioso e maior acordo já firmado pelo Mercosul, a finalização de uma newgociação de 20 anos, ocorreu no G20, em junho de 2019. O acordo abrange bens, serviços, investimentos e compras governamentais. O Brasil assina acordo para acabar com cobrança de *"roaming"* internacional no Mercosul, o imposto dos produtos agrícolas de grande interesse para o Brasil serão eliminados e formarão uma das maiores áreas de livre comércio do planeta; juntos, os dois blocos representam cerca de 25% da economia mundial, um mercado de 780 bilhões e um impacto positivo na economia brasileira de US$125 bilhões em 15 anos. Com o acordo, praticamente 100% das exportações do Mercosul terão preferências para melhor acesso ao mercado europeu.

O professor Yann Duzert também participou do grupo de newgociação do acordo Mercosul com a Europa por meio do Itamaraty, com o Ministério das Nações das esferas francesas há 18 anos, falando sobre governança colaborativa com empresários (Peugeot), acadêmicos (FGV), especialistas e órgãos de governos para construir acordo, passo a passo, mesmo que a longo prazo. A França, por exemplo, fez concessão sobre a agricultura, com a abertura do mercado para produtos da agricultura brasileira, porque se preparou para focar mais em produtos de alto valor agregado, sem agrotóxicos, diminuindo os subsídios das grandes plantações agrícolas focadas no leite, momento em que vemos a agricultura e os supermercados se equilibrando. A Europa fez concessão sobre abertura dos produtos brasileiros de agribusiness para ficar no Acordo de Paris; as companhias aéreas europeias abriram oportunidades para funcionar como Air Europa nas linhas internas brasileiras e, com isso, haver mais competição, aumentar o PIB brasileiro e revelar ganhos múltiplos por meio da economia positiva a longo prazo, baseada na governança colaborativa e na newgociação, que visa ganhos múltiplos, ganha/ganha e não a forma interesseira de ganhar mais que o outro e de pensar a curto prazo. São exemplos interessantes no âmbito do alto escalão de negociadores do governo. Na verdade, é uma mudança de paradigma, e não a arte da guerra, que hoje não funciona mais.

O Brasil não é um país membro da OCDE — Organização para a Cooperação e Desenvolvimento Econômico —, mas tem a distinção de membro pleno, com participação em algumas reuniões e plena cooperação em diálogos e newgociações, por meio do Ministério do Exterior e do Itamaraty, sobre o desenvolvimento das economias mundiais. Com o exercício da influência e da newgociação, o presidente Jair Bolsonaro, na ocasião do G20, usa o diálogo com Donald Trump, presidente dos EUA, para tratarem de temas como a relação comercial entre os dois países e a entrada do Brasil na OCDE, organização internacional composta por 34 países, com sede em Paris e com o objetivo de promover políticas que visem o desenvolvimento econômico e bem-estar social das pessoas por todo o mundo, cuja meta de trabalho é apoiar os governantes no sentido de recuperarem a confiança nos mercados e o restabelecimento de políticas saudáveis para um crescimento econômico sustentável no futuro.

Na Índia, nos deparamos com um setor público maravilhoso, capaz e com um fascinante programa implementado no estado de Karnataka. A lei é conhecida como Karnataka Garantia de Serviços aos Cidadãos. No estado de Karnataka é fornecida garantia de serviços para cidadãos dentro de um prazo-limite estipulado. Nos termos da lei, quando é feito um pedido de serviço estatal, o cidadão recebe um recibo de confirmação com um sakala, número equivalente a um número de rastreamento. Isso garante que a solicitação seja processada dentro dos dias especificados. Com a ajuda do número sakala, um cidadão pode monitorar online e em tempo real o status de sua aplicação.

Um cidadão pode até enviar SMS de um celular. Em caso de atraso, um cidadão pode apelar para o próximo nível de gestão diretamente e, de acordo com os requisitos da lei, demanda um "custo compensatório" à taxa de 20 rupias por dia por período do atraso sujeito a um máximo de 500 rupias por aplicação, em conjunto a partir da ofensa designada a oficial do governo. Hoje, 668 serviços estaduais com menos de 50 departamentos fornecem transparência, responsabilidade, eficiência e resultados da boa governança. E o alinhamento setorial baseado na motivação permite ao estado Karnataka prestar melhores serviços de administração pública ou governar com o uso de inovações do setor privado em tecnologia.

Nunca esses setores foram tão interdependentes e tão predispostos a colaborar, criando oportunidades sem precedentes para relações negociadas intersetoriais, bem como intrasetoriais. Essas colaborações fornecem importantes funções, bens públicos e infraestruturas, abordando resolução de problemas socioeconômicos. A governança colaborativa, como prática, tem muitas definições e usos. Nossos colegas Chris Ansell e Alison Gash, da Universidade da Califórnia em Berkeley, forneceram uma útil definição de trabalho: "um arranjo governamental onde um ou mais órgãos públicos entre si, envolvendo diretamente organizações que não são partes interessadas em um processo coletivo de tomada de decisão que é formal, orientado para o consenso deliberativo e que visa tornar ou implementar políticas públicas ou gerenciar programas ou ativos públicos".

Outros estudiosos expandem essa definição para incluir diferentes áreas do setor e organizações sem fins lucrativos. O setor privado, o setor público e as instituições sem fins lucrativos/não governamentais (NFP/OSC/ONG/OS), complementam-se mutuamente com o aumento de complexidade e contêm altos níveis de sobreposição fundacional. As distinções entre setores são cada vez mais sem diferença, mas, na avaliação, técnicas mais eficazes de negociação devem abarcar a ética, a capacidade de se respeitar as diferenças, a escuta atenta dos envolvidos, a franqueza amistosa, a elegância moral e o respeito à identidade dos envolvidos nos conflitos em conceitos tratados no âmbito da responsabilidade social.

Temos como exemplo o papel do CADE — Conselho Administrativo de Defesa Econômica —, vinculado ao Ministério da Justiça e sua importância no papel repressivo para a economia brasileira. Com a estabilidade da moeda, bem como com a privatização e desregulamentação comercial a partir dos anos 1990, tornou-se vital o desenvolvimento de uma política de defesa da livre concorrência para atender à nova realidade do mercado, haja vista a necessidade de regras claras e estáveis a serem seguidas pelas empresas em um mercado competitivo.

Boas políticas servem a um propósito mais elevado para contribuir a um bem maior. Também no processo de profissionalização da gestão hospitalar, se destacam os desafios para a atuação das lideranças para lidar com a dimensão do conflito existente entre as subculturas médicas, de enfermagem e administrativa, gerando a necessidade de newgociação. A saúde e o direito são campos bastante politizados no Brasil. As instituições jurídicas e sanitárias têm sido testemunhas desse processo, que influencia decisivamente as sociabilidades e o estabelecimento de estratégias de reivindicação de direitos pelos atores sociais. No Brasil, a relação entre direito e saúde ganhou sua versão atual há pouco mais de 25 anos, a partir da Constituição de 1988, e sua cristalização foi fruto de amplos debates com grupos de pressão, sociedade civil e Estado. A judicialização do direito à saúde, mais especificamente, tem se direcionado a diversos serviços públicos e privados, tais como o fornecimento de medicamentos, a disponibilização de exames e a cobertura de tratamentos para doenças. Não é difícil observar em qualquer governo no Brasil a existência de ações judiciais que buscam o deferimento de pedidos sobre esses e outros assuntos.

As fabricantes de aeronaves Embraer e Boeing negociaram fusão em junho de 2018, a nova companhia de aviação com o nome de Boeing Brasil-Commercial. A união entre as empresas poderá criar uma gigante global de aviação, com forte atuação nos segmentos de longa distância e na aviação regional, e capaz de fazer frente a uma união similar entre as concorrentes Airbus e Bombardier. Em comunicado, Embraer e Boeing esclareceram da necessidade do aval de autoridades brasileiras e americanas. "Qualquer transação estará sujeita à aprovação do governo brasileiro e dos órgãos reguladores, dos conselhos de administração das duas companhias e dos acionistas da Embraer".

A corrupção no Brasil afeta diretamente o bem-estar do cidadão ao diminuir os investimentos públicos na saúde, na educação, na infraestrutura, segurança, habitação, dentre outros direitos essenciais à vida, e fere a Constituição Federal ao ampliar a exclusão social e a desigualdade econômica. Importante início de combate à corrupção, onde o então juiz Sérgio Fernando Moro prendeu inúmeros políticos influentes que por meio da delação premiada passou a ter maior conhecimento com a Operação Lava Jato, uma operação da Polícia Federal que descobriu esquemas gigantescos de corrupção, sendo a maior investigação de corrupção e lavagem de dinheiro que o Brasil já teve. Consiste em uma colaboração firmada entre Ministério Público e o acusado, em troca de benefícios que a ele podem ser concedidos com a colaboração.

Outro fator importante é a conclusão da transposição das águas do rio São Francisco, que teve origem na época do império e até hoje esse projeto não foi implantado concretamente por questões, acima de tudo, políticas. A transposição não é unanimidade. Atualmente, o projeto prevê a transposição de aproximadamente 5% do volume de água do rio São Francisco baiano, através de extensos canais, para os estados de Pernambuco, Ceará, Rio Grande do Norte e Paraíba, sabendo-se que esses três últimos estados não são dotados plenamente por bacias hidrográficas perenes (rios permanentes), e sim por bacias hidrográficas intermitentes.

Na literatura existente sobre governança colaborativa, Ansell e Gash visam identificar variáveis críticas que influenciam na colaboração bem-sucedida a ser alcançada. Essas variáveis incluem a história anterior de conflito ou cooperação, os incentivos para partes interessadas, desequilíbrios de poder e recursos, liderança e desenho institucional. Da mesma forma, existem vários fatores dentro do próprio processo colaborativo que são úteis, incluindo diálogo face a face, construção de confiança (capital social) e o desenvolvimento de compromisso e compreensão compartilhada.

Ciclos virtuosos de colaboração tendem a se desenvolver quando os fóruns, redes ou organizações se concentram em "pequenas vitórias" por meio da confiança, compromisso, relacionamentos e compreensão compartilhada. Confiar em relacionamentos é princípio fundamental que discutiremos ao longo deste livro, especialmente no contexto de newgociação.

Grupos que praticam o trabalho de colaboração intersetorial visam redistribuir o poder e utilizar o controle de uma autoridade central para vários atores, indivíduos ou organizações. Essa partilha de poder leva à inovação, cooperação, coordenação e parceria em um nível mais elevado do que é possível em hierarquias típicas ou sistemas burocráticos. Essas colaborações abordam problemas como HIV/AIDS, padrões de trabalho, obesidade, corrupção, prestação de serviços públicos de educação, água, planejamento, engenharia, transporte de lixo, desenvolvimento e construção de infraestruturas.

Assim, é necessário agir de forma a favorecer boas políticas públicas, como, por exemplo, a OAB, se pronunciando oficialmente contra a reforma da Previdência, alegando abusos contra os direitos sociais; o Congresso Nacional, negociando coalizão no decreto presidencial de porte de armas; a Procuradoria-Geral da Fazenda Nacional, por meio de portaria, autorizando acordo com contribuinte, procuradores negociando com devedores questões ligadas ao cumprimento de decisões judiciais, desistência de recursos e forma de inclusão de dívidas previdenciárias no cadastro geral de credores; o Tribunal de Justiça do Estado de Goiás, criando cultura colaborativa com habilidade de consenso entre departamentos para melhorar a performance organizacional; prefeituras negociando com a bancada rural; a Estatal Boliviana e a Petrobrás fechando acordo de transição e suprimento para as exportações de gás natural, por meio do gasoduto Bolívia-Brasil (Gasbol). O acordo estabelece um período de transição de 01 de janeiro a 10 de março de 2020, a tragédia em Brumadinho por meio de advogados da Vale, negociando com a vítimas, onde o Poder Judiciário condena a Vale a pagamento de indenização às vítimas da tragédia e a reforma da Previdência tem margem de negociação no Congresso; o governo federal, negociando com as bancadas para as reformas necessárias no Congresso Nacional; portanto é preciso talento para negociar e argumentar propostas convincentes para apresentar novas ideias junto à população e ao Congresso.

Colaboração, no entanto, requer mais do que apenas trabalhar juntos. Deve haver uma missão comum, compromisso com recursos compartilhados, poder e talento sem um único indivíduo ou ponto de vista da organização dominante. Dominância mina a colaboração. Ao avaliar o sucesso dos esforços de colaboração numa base regular e metódica, pode-se construir confiança, relacionamento e compromisso compartilhado.

Comprovada a lentidão na justiça para decidir, o Conselho Nacional de Justiça (CNJ) aprovou relatório que recomenda a ampliação do sistema prisional de Guarulhos-SP. O documento aponta a necessidade de aprimoramento da tramitação dos processos dos presos, já que atrasos na concessão de benefícios penais, dentre eles liberdade e progressão de regime de cumprimento de pena, têm mantido pessoas encarceradas além do prazo legal, contribuindo para a superlotação. Utilizar a forma de conduzir, prever, neutralizar e atuar em algum momento de crise dentro da segurança pública faz parte de algumas das atribuições do "negociar de crise" no corpo operacional das polícias em todo o mundo, independentemente da forma ou modelos por elas adotadas em circunstâncias críticas no cenário do crime ou de um incidente que deu causa a ele.

Optando, ainda, por aprimorar o sistema de justiça, o Observatório Nacional sobre Questões Ambientais, Econômicas Sociais de Alta Complexidade e Grande Impacto e Repercussão foi efetivado no dia 31 de janeiro de 2019, por meio de portaria conjunta n.º 1/2019, do Conselho Nacional de Justiça e do Conselho Nacional do Ministério Público, assinada por Dias Toffoli, presidente do Supremo Tribunal de Justiça e do Conselho Nacional de Justiça e por Raquel Elias Ferreira Dodge, procuradora-geral da República e presidente do Conselho Nacional de Justiça, que elegeu quatro casos para acompanhamento inicial: a chacina de Unaí, em Minas Gerais; os rompimentos das barragens de Mariana e Brumadinho, em Minas Gerais; e o incêndio na boate Kiss, no Rio Grande do Sul. A demora no julgamento dos processos judiciais é considerada um problema no Brasil, Europa e Estados Unidos, por isso a relevância do tema newgociação, com objetivo de buscar soluções e consenso. É necessário chamar a atenção para soluções capazes de evitar a repetição das tragédias.

Para Raquel Dodge, "o observatório pretende cumprir seus objetivos de promover integração institucional e apoiar, estruturar e fortalecer a atuação do Judiciário e do Ministério Público em questões complexas que demandam respostas rápidas de resolutividade". Segundo a portaria da instituição, o observatório, que possui caráter nacional e permanente, tem a atribuição de promover integração institucional, elaborar estudos e propor medidas concretas de aperfeiçoamento do Conselho Nacional de Justiça, nas vias extrajudicial e judicial, para enfrentar situações concretas de alta complexidade, grande impacto e elevada repercussão social, econômica e ambiental.

Essa iniciativa propiciou o curso com o tema central "Negociação em Causas Complexas", ministrado a integrantes do Poder Judiciário e Ministério Público, na sede do Tribunal de Justiça de Minas Gerais. A iniciativa teve a finalidade de promover capacitação qualificada por meio de curso presencial conduzido pelo professor Yann Duzert, expert mundial em negociações ambientais. Esse foi o tema central desse curso, ministrou ainda, também em Minas Gerais, o curso "Técnicas de Negociação e Resolução de Conflitos Complexos na Área Ambiental".

A tragédia que deixou mais de 200 mortos em Brumadinho, poderá se enquadrar nas novas regras. A novidade é que as empresas, agora, podem fazer acordos com a AGU antes mesmo de a questão ir parar na justiça, possibilidade que não existia. As tratativas são avaliadas pela promotoria e pela Defensoria Pública da União como prejudiciais aos atingidos. Já a Defensoria Pública do Estado afirma que *"não existe"* uma força-tarefa atuando em relação ao rompimento da barragem. Dados recentes do mês de julho de 2019, após negociação, informam que a Justiça Estadual condenou a Vale pela primeira vez pelo rompimento da barragem da mina de Córrego do Feijão, determinando à mineradora a reparação de todos os danos causados às vítimas, mantendo o bloqueio de R$11 bilhões para garantir a reparação.

Sucesso que definimos como eficiência, qualidade, preço e/ou entrega, e com base em laços de feedback positivo e impulso para a frente, pode ser uma força motriz poderosa. Finalmente, descrevemos a governança colaborativa como boa governança, que é a interação proposital desses três setores para efetivamente avançar, com eficiência, às comunidades grandes e pequenas. Enquanto as características definidoras de boa governança não são universais ou de tamanho único, cabem várias características significativas, também observadas pelas Nações Unidas e pelo Banco Mundial, por exemplo, incluem transparência, eficiência, eficácia, participação, responsabilidade e resultados.

Nós trabalhamos na ONU com nossos estudantes de política pública para estudar governança nos países menos desenvolvidos (PMD). Examinando mais de 200 projetos colaborativos patrocinados pela ONU, descobrimos que governança de alta qualidade, caracterizada por colaboração dos interessados, comunicação eficaz, altos níveis de responsabilidade e transparência, forte apoio humano e capacidade institucional é fundamental para melhorar o desenvolvimento humano, pois são indicadores para populações vulneráveis. Por outro lado, partilha de informação, baixos níveis de transparência e responsabilização com fraca capacidade humana e institucional dificultam o progresso em direção ao desenvolvimento sustentável.

A literatura suporta esses achados. Dois reconhecidos estudiosos nesse campo, Kania e Kramer, afirmam que organizações individuais, operando isoladamente, normalmente não têm capacidade de criar mudanças sistêmicas. Parcerias intersetoriais foram iniciadas em resposta a essa restrição e problemas sociais complexos. Osborne, outro estudioso, escreve que essas parcerias são vistas como "eficientes e eficazes mecanismos para o desenvolvimento de comunidades inclusivas, fornecendo bens e serviços públicos, satisfazendo as necessidades das populações-alvo e implementando políticas públicas".

As partes interessadas sabem que a colaboração é essencial para o sucesso de todas as parcerias. A colaboração dos interessados pode ocorrer em qualquer momento durante a parceria e quase sempre leva a resultados reduzidos. O mesmo é verdade em resultados de newgociação, quando as partes, em vez de alto nível de colaboração, recorrem ao alto nível de competição para criar vencedores e perdedores. Nós discutiremos isso em nossos capítulos posteriores deste livro.

Baseado em nosso trabalho e experiência na ONU, comunicação e compartilhamento de informações em governança são elementos essenciais para a coleta de recursos divergentes, eliminando incompreensão e estabelecimento de apoio público. É também uma chave, um passo para transformação em inovação, que requer a correspondência dos interesses da parte com as ofertas de outra parte. Nós discutimos semelhante processo em nossas etapas de newgociação de criação de valor e distribuição nos capítulos 4 e 6. A falta de comunicação e compartilhamento de informações na administração pública impede o fluxo de ideias, cria desconfiança e desaprovação, dificultando o estabelecimento de consenso público.

O professor Rothstein escreve: "prestação de contas e transparência no setor público é um marco na garantia de estabilidade econômica e social. A propriedade da comunidade é a diferença entre "feito para" e "feito em colaboração com", e essencial por instigar vontade política, onde não existe, organicamente, de cima para baixo". Dado que a organização é um ato voluntário, é fundamental para entender as motivações e intenções dos setores e forjar os laços necessários para atuar em colaboração. O conceito em newgociação não é diferente. Entender as motivações e as intenções da outra parte é crucial para a criação de valor, para distribuir valor e fazer acordo.

Examinamos brevemente aqui cada setor, identificando os desafios e procurando oportunidades para colaborar. Nós buscamos colaboração para promover uma melhor administração pública; e mais, é importante incentivar a "governança" hoje e amanhã. As crises financeiras globais, constrições de mercados, formação de redes complexas, concorrência, receios crescentes de desemprego e enormes deficits de infraestrutura apresentam desafios significativos nos setores público, privado e sem fins lucrativos, hoje. Por outro lado, esses desafios significativos representam oportunidades para colaborar por meio de métodos eficazes de newgociação e habilidades para forjar ganha/ganha, oportunidades de maiores proporções para esses três setores.

Esses desafios são mitigados pela evolução do setor público por meio da descentralização e do uso de recursos sem fins lucrativos para executar tarefas de serviços, associadas a uma especial habilidade e administração pública. Como nossos leitores notarão, ao longo deste livro, emprestamos extensivamente dessa literatura de colaboração e governança colaborativa para criar valor e distribuir valor em nosso paradigma de newgociação.

Sugerimos, ainda, que os profissionais do setor público se concentrem na administração pública por meio da colaboração, criando valor para a sua organização e distribuindo valor para várias partes interessadas e parceiras da newgociação. Qualquer estrutura para a administração pública deve levar em conta as habilidades e capacidades necessárias para indivíduos e grupos agirem, mesmo quando essas habilidades se encontram em circunstâncias emergentes.

Hoje, mais do que nunca, precisamos que nossos profissionais do setor público dominem a arte e a ciência da newgociação para evitar a polarização e forjar colaborações entre setores para entrega da governança. Buscar o interesse público requer uma disposição para tornar-se informado, ouvir empaticamente vários pontos de vista, colaborar, compartilhar, construir relacionamentos e assumir a responsabilidade não apenas por nós mesmos, mas, mais importante, para nossos constituintes. Essa marca de liderança ainda é praticada para a maior parte em níveis locais de governo em oposição a mais organizações politicamente motivadas e ideologicamente posicionadas, governos estaduais e federais.

A sequência evolutiva nas visões da administração pública, os cidadãos como eleitores, clientes, proprietários e parceiros são agentes de mudança. A mesma evolução considera administradores públicos como servidores públicos, curadores, gerentes, parceiros, facilitadores e líderes. O principal desafio é criar normas e melhores práticas comuns entre todos esses atores no avanço da sociedade.

O desafio é criar uma administração pública não apenas em setor hierárquico, mas aberta ao serviço com padrões de legitimidade, transparência e eficiência em todos os setores. Frank escreveu sobre tal modelo em um artigo em que ele é coautor com um estudante de doutorado, intitulado *Cidades, contrato para massa colaborativa e governança*, publicado na American City and County. No artigo, os autores revisam o Plano de Lakewood, de 1954, que deu nascimento ao modelo de contratação de serviços municipais em todos os setores, usando colaboração para oferecer serviços municipais eficientes.

Da governança colaborativa e toda a negociação, patologias e desafios, examinamos, praticamos, ensinamos e encontramos uma newgociação clara, prática e inovadora, mas com técnica ou mentalidade superior, que chamamos de newgociação. Nós concluímos e discutimos neste livro que a newgociação está enraizada na partilha e colaboração. Newgociação tem ciência biológica e cognitiva, componentes, juntamente com um processo claro, que é impactante nos resultados que buscamos na governança.

Entre os milhares de estagiários e estudantes que tivemos em nossas aulas e seminários ao redor do mundo, quase 100% dizem que eles desejam uma abordagem ganha/ganha para newgociação, porque leva a resultados mais agradáveis. No entanto, na prática, apenas 20% realmente alcançam a abordagem de ganhos mútuos. Os 80% restantes selecionam mais prática competitiva de newgociação enraizada no *hard power*.

Max Bazerman escreveu um livro brilhante sobre a racionalidade de negociadores e porque eles alcançam resultados mais vantajosos do que ganha/ganha. Há um pouco de literatura sobre o tema da construção de consenso, livros como *"Getting to Yes"*, de Roger Fisher, onde, por exemplo, ele aponta que, na prática, a maioria dos negociadores vê newgociação como um jogo de queda de braço competitivo em que 70% resultam em um impasse (0–0) e os 30% restantes pontuações de (1–0), (1–1), (2–1). Apenas um grupo de elite de negociadores vê a possibilidade de pontuações em linha com maiores taxas de ganho de (10–10), (9–8) ou (9–9). Apenas colaboração produz os últimos resultados.

Neste livro, nos concentramos nestes profissionais do setor público, a fim de:

A. Melhorar a probabilidade para fechar um negócio melhor;

B. Melhorar o valor público de um negócio, inventando e tomando boas decisões;

C. Melhorar a produtividade (maior taxa de ganho) para fechar um acordo compartilhado;

D. Melhorar a newgociação com as redes sociais para a sustentabilidade;

E. Melhorar a newgociação, reconhecendo e prevenindo conflitos;

F. Melhorar as regras e a linguagem de newgociação no contexto de colaboração.

No entanto, deve-se dizer, desde o início, que seria ingênuo acreditar que tudo pode ser resolvido por meio da newgociação. Newgociação não é ser legal, cooperativo ou submisso todo o tempo, nem é sobre ser agressivo, assertivo ou competitivo o tempo todo. É sobre todas essas coisas equilibradas. É sobre estabelecer limites, ser cooperativo e competitivo, é sobre ter empatia, ser suave e gentil com as pessoas, mas resistente na defesa dos valores e interesses centrais. É sobre ter criatividade para encontrar soluções dos problemas percebidos que impedem o acordo.

Depois de inventar a abordagem de ganhos mútuos com Lawrence Susskind, Robert Mnookin escreveu um ótimo livro chamado *Negociando com o Diabo, Quando Dialogar, Quando Lutar*. Em nosso livro sobre newgociação, nós discutiremos o que é negociável e o que não é. Mais importante, nós discutiremos, neste livro, uma linguagem comum para todos, que chamamos de técnica "4–10–10". Esperamos que usem mais a técnica para alcançar melhores resultados em newgociações públicas ou privadas. A técnica, no mínimo, é uma lista abrangente para tudo o que é necessário negociar de forma eficaz. Finalmente, a newgociação tem tudo a ver com a moldura. Discutiremos esse conceito do quadro ao longo deste livro.

Embora não possamos garantir nenhum resultado de newgociação, estamos confiantes de que lendo este livro você será capaz de identificar o errado ou o competitivo (ganha/perde), para habilmente substituí-lo por um mais colaborativo (ganha/ganha).

Quadro destinado a benefícios mútuos.

VERIFICAÇÃO DE CONHECIMENTO *:

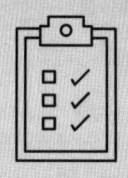

1. Criar valor na newgociação requer:
   - **A** Vendo o outro mais do que apenas um cliente, mas um parceiro e agente para a mudança.
   - **B** Fazendo do cliente um rei.
   - **C** Rendendo-se aos desejos dos clientes.
   - **D** Criando o melhor preço, pois é a única coisa que importa.

2. Nossa técnica de newgociação:
   - **A** Promove falar primeiro sobre preço e depois inventar opções.
   - **B** Inventa uma única opção mais útil para os mais poderosos negociadores.
   - **C** É sempre sobre ser legal e nunca se afastar de um acordo.
   - **D** Melhora o valor público de um negócio inventando e tomando uma decisão.

★ As respostas detalhadas a todas as perguntas sobre "verificação do conhecimento" e mais podem ser encontradas em Apêndice A, em ordem de cada capítulo.

Gênese e Evolução da Newgociação como Processo Ético

A palavra "negociação" encontra suas raízes no latim "neg", significando negar e "otium", significando lazer. Os ingleses chamavam isso de ser ocupado ou fazer negócios. Não é de surpreender que a palavra "negócios" em latim é negócio. Tempo e evolução, gerenciando sentimentos e emoções, combinando desejos e necessidades, junto com o jogo do poder ou a busca de um terreno comum, moldam a arte moderna e a ciência da newgociação. Em tempos mais recentes, vários estudiosos e praticantes estudaram e definiram newgociação em questões legais, psicológicas, comerciais ou econômicas.

Fisher, Ury e Patton definem as negociações como "comunicação designada para chegar a um acordo" ou *"processo de comunicação com objetivos conjuntos de tomada de decisão"*.

Da mesma forma, Rubin e Brown definem as negociações como sendo o que *"duas ou mais partes tentam para resolver o que cada um deve dar e receber"*.

Carnevale e Lawler afirmam que negociação é uma *"forma de comunicação simbólica que envolve duas ou mais pessoas tentando chegar a um acordo sobre questões onde são percebidas diferenças de interesse"*.

Rubinstein define negociação como *"uma situação em que dois indivíduos têm diante deles vários contratos e possíveis acordos. Ambos têm interesse em chegar a um acordo, mas seus interesses não são inteiramente idênticos. Qual será o contrato acordado, assumindo que ambas as partes se comportam racionalmente?"*

O Black's Law Dictionary define a negociação como *"a deliberação, discussão ou conferência sobre os termos de uma proposta de acordo; O ato de resolver ou organizar os termos e condições de ganhos mútuos para venda ou outra transação comercial"*.

O Business Dictionary geralmente se refere à negociação como *"processo de barganha (dar e receber) entre duas ou mais partes (cada um com seus próprios objetivos, necessidades e pontos de vista) para descobrir um terreno comum e chegar a um acordo para resolver um assunto de preocupação mútua ou resolver um conflito"*

Por último, mas não menos importante, Herb Cohen é um exímio praticante e disse sobre a negociação *"a vida é uma série constante de ações em que tentamos influenciar os outros. Nós parecemos, para sempre, absorvidos na tentativa de levar as pessoas a concordar com a gente"*.

A expressão vocal desempenha um papel em nossa formação como negociadores, e, acima de tudo, a newgociação é um processo difundido no qual as pessoas, em última análise, tentam chegar a uma decisão conjunta sobre questões de interesse comum. Com o pano de fundo dessas diversas definições destacando e focando no conflito, nós, no entanto, definimos nosso paradigma de newgociação para profissionais do setor público como "um processo ético e elegante de tomadas de decisão racionais e colaborativas destinadas a benefícios". Nossa definição promove relacionamento e confiança, que discutiremos em capítulos posteriores.

Newgociação como um conceito primitivo surge do conflito ou da tensão que sentimos pela sedução, rivalidade e honra, da inveja e do sentido de competição para vencer e da inveja para "destruir" nossos adversários. Desafiar outro homem para um duelo não só foi considerado um pináculo de honra, mas era uma prática reservada para cavalheiros. O duelo começou na antiga Europa, como uma forma de "justiça" em que dois disputantes lutavam, quem quer que tivesse perdido, era assumido como errado.

O primeiro duelo americano ocorreu em 1621, em Plymouth Rock. Enquanto com as invenções de regras em sociedade melhoramos os tipos de conflitos e os níveis de violência associada a elas, continuamos a experimentar as reações biológicas e cognitivas associadas ao cérebro. Nós somos ainda seres humanos, depois de tudo.

A natureza primitiva e instintiva de uma newgociação vem do cérebro límbico. Esta é a parte do cérebro que os nossos ancestrais pré-históricos já desenvolviam antes mesmo da evolução do neocórtex. O neocórtex é o cérebro analítico, que se desenvolveu com expressão vocal, linguagem ou idioma. O cérebro límbico, com o reptiliano, é parte do cérebro que não fala, mas sente, é tudo sobre os cinco sentidos, as emoções. É nele que se origina a certeza de sentir e de falar. Daí o valor que nós damos lugar à estética, que, em grego, significa sensação. Isso é porque nós vestimos bem ou cheiramos bem para impressionar nossos parceiros, parentes, amigos, clientes ou constituintes.

Em tempos pré-históricos, o cheiro tornou-se um fator de atração e, portanto, a base para persuasão ou conflito. Em tempos mais modernos, perfume, bebida, jantar e outras melhorias foram inventadas para, precisamente, causar uma reação química em nosso cérebro límbico, para agradar. Algumas culturas ainda valorizam "venerar e jantar" como parte da newgociação do processo.

Como o processo de newgociação é definido entre vários atores chamados negociadores, agora voltamos nossa atenção para a anatomia, fisiologia e pedagogia de diferentes tipos de negociadores, em vários contextos. No processo de discutir esses tópicos, usamos, talvez, exemplos dramáticos, às vezes até exagerados, para fazer uma ponte. Queremos nos desculpar, desde o início, por nossos exemplos, não significa dano ou desrespeito a qualquer setor, qualquer pessoa ou grupo.

Somos apreciadores de cada setor (público, privado e intersetorial), especialmente no contexto do nosso argumento sobre colaboração e governança colaborativa. Nós apreciamos suas motivações, intenções e interesses distintos, porque nos proporcionam a oportunidade de encontrar soluções elegantes para os seus problemas durante a newgociação.

O setor público está devidamente preparado para administrar o estado de direito, alcançar justiça e proporcionar qualidade de vida aos seus constituintes. Frank, muitas vezes, diz que não é eleito para maximizar retornos monetários para seus eleitores em Rolling Hills Estates, mas para mantê-los seguros e entregar a qualidade de vida que eles merecem e exigem, enquanto o dinheiro é geralmente importante para a implementação das políticas desejadas na administração pública, formando, assim, soluções monetárias para resoluções de problemas em Rolling Hills Estates

Finalmente, os setores sem fins lucrativos estão focados em sua estreita missão, seja com base no espaço que ocupam ou nas pessoas que servem. Dito isso, no mundo colaborativo de hoje, os cidadãos querem mais de cada setor e daqueles em liderança; enquanto os desafios são grandes, as oportunidades são adequadas nesse espaço intersetorial. Nós fornecemos vários exemplos, neste livro, de modelos de governança colaborativa e aplicação de nossos paradigmas *"Newgotiation",* que eficientemente e de forma confiável respondem às necessidades desse espaço intersetorial.

Antes de discutirmos nossos paradigmas, queremos nos concentrar em nossas definições e os ingredientes na definição para distinguir Newgociação de negociações convencionais. Nós estamos comprometidos para a nossa definição de newgociação como *"um elegante e ético"* processo, especialmente para profissionais do setor público. Como nosso paradigma de newgociação para profissionais do setor público depende fortemente de boas habilidades de governança, colaboração, construção de relacionamentos e confiança, discutiremos brevemente a ética e os conflitos de interesse para chamar a atenção a esses princípios básicos.

As melhorias para a regulação ética do serviço público por meio do desenvolvimento de políticas éticas e da sua incorporação em culturas organizacionais e administrativas em todos os níveis e ramos do governo é altamente apoiada pela boa literatura e prática de governança na administração pública. Por sua vez, a mesma literatura apoia a prática bem estabelecida com formas efetivas e eficientes de governança, que melhoram o interesse do setor público e aumentam a confiança em funcionários públicos e no governo a que eles servem. Como iremos discutir em capítulos posteriores, *"relacionamento"* e *"confiança"*, é claro, são os ingredientes principais de qualquer resultado de newgociação ganha/ganha para os nossos profissionais do setor público.

O serviço público forja um vínculo especial entre agentes públicos e cidadãos. Essa conexão faz com que dirigentes de organizações do Setor Público atuem com integridade demonstrando forte compromisso com valores éticos, no cumprimento de leis e regulamentos, aplicando os princípios basilares da vida pública como altruísmo, integridade, objetividade, transparência, honestidade e liderança (Princípios de Nolan). Esses princípios refletem as expectativas do publico sobre a conduta e o comportamento das entidades, grupos e indivíduos que fazem a gestão e administração da prestação de serviços e gastos do dinheiro público, princípios acima do interesse próprio. Adesão estrita ao estado de direito e os princípios éticos são fundamentais para salvaguardar a confiança no governo. Se eleito, nomeado ou contratado, os políticos devem compreender e praticar normas éticas para atingir a boa governança e eliminar impropriedades.

Neste capítulo, categorizamos a ética como um aspecto legal e reflexivo, disciplina usada para resolver conflitos não apenas de meios técnicos, mas também de meios sociais. A ética é tipicamente descrita como começa e onde a lei termina. É a nossa consciência moral de valores cultivados na base para o desenvolvimento de regras legais. Curiosamente, a ética e o direito gozam de uma relação simbiótica para o bem social. Enquanto cada disciplina tem seus próprios parâmetros únicos, eles se sobrepõem a avançar na sociedade. É também aqui que os elementos da boa governança, como transparência e prestação de contas, por exemplo, ajudam a proteger o interesse público.

Nosso colega Terry Cooper, em seu livro *The Responsible Administrator*, analisa a ética como o estudo da conduta moral e status moral. Ele distingue ética e moralidade afirmando que a moralidade "assume alguns modos de comportamento aceitos" pela tradição, cultura, religião, organização e família. Ele, então, sugere que ética é "um passo à frente da ação", exame e análise da lógica, valores, crenças e princípios que são usados para justificar a moralidade em suas várias formas. Esses valores, crenças e princípios, dentre outras coisas, incluem justiça; e justiça especialmente como eles se aplicam ao interesse público em direito e serviço público.

Embora a sobreposição das disciplinas de direito e serviço público e a relação que eles desfrutam sejam fundamentalmente importantes, o setor está focado em sua estreita missão, seja com base no espaço que ocupa ou nas pessoas a que serve. Dito isso, no mundo colaborativo de hoje, os cidadãos querem mais de cada setor e daqueles em liderança; enquanto os desafios são grandes, as oportunidades são adequadas nesse espaço intersetorial.

Exame e análise da lógica, valores, crenças e princípios são usados para justificar a moralidade em suas várias formas. Esses valores, crenças e princípios, dentre outras coisas, incluem justiça, especialmente como elas se aplicam ao interesse público, em direito e ao serviço público. Embora a sobreposição das disciplinas em direito e serviço público e a relação que elas desfrutam é fundamentalmente importante para os praticantes e seus constituintes, as leis, na prática, geralmente permanecem a disciplina indispensável para o bom desenvolvimento social.

Cooper se refere a essas leis como o "mínimo moral" aceito. Embora possam ser o mínimo, essas leis, na prática, conseguem mais do que apenas o mínimo para as organizações e os constituintes a que servem. Nesse contexto, o estabelecimento e aplicação de normas de ética, leis e regulamentos preservam a credibilidade e, portanto, a sustentabilidade do ator profissional, bem como a profissão. Além disso, essas leis inspiram uma cultura de confiança em servidores públicos e nos governos ou profissões que servem.

Notamos, no entanto, que nem tudo que é legal é ético e, em contraste, nem tudo que é ilegal é antiético. Recentemente, o CEO de um proeminente fabricante de medicamentos aumentou o preço de uma pílula usada em combate contra o HIV de US\$13,50 para US\$750. Enquanto o aumento de preço foi legal, a indignação pública, no que foi percebido como um movimento antiético, trouxe vergonha pública para o CEO e sua empresa. Martin Luther King escrevia cartas na prisão em Birmingham, fazendo críticas e desafiando a lei que acabou com a segregação racial, assinada em 1964 em Alabama. Argumentou e defendeu, "Alguém que viole uma lei injusta tem de fazê-lo abertamente, amorosamente e com disposição para aceitar a pena", era ilegal devido à lei existente no Alabama. Dr. King foi preso por desafiar uma liminar que negou a ele e a outros o direito de marchar por direitos civis sob a Constituição dos Estados Unidos. Ninguém vê essa violação da lei como uma conduta antiética. Na verdade, essa marcha tornou-se o catalisador da Lei dos Direitos Civis de 1964, avançando os Estados Unidos como país em justiça social.

O tema ético é polêmico, entretanto causa mais inquietação quando falamos sobre a ética na administração pública, pois logo pensamos em corrupção, extorsão e ineficiência. A literatura e evidências práticas sobre ética em administração pública são bastante complicadas e multifacetadas para sugerir ou recomendar soluções fáceis e simples. Até mesmo a abordagem para a ética pública varia de país para país, levando em consideração contexto histórico, político e cultural. Dependendo dessa cultura, alguns países aderem ao estrito estado de direito e outros recorrem a habilidades de liderança para controlar a corrupção. Nos Estados Unidos, mais rigor e leis mais abrangentes guiam o conceito de ética pública e conflitos.

No Brasil, vivemos uma crise ética, a corrupção não é só questão moral, ela evidencia os defeitos sistêmicos do sistema político e afeta diretamente o cidadão, ao diminuir os investimentos públicos na saúde, educação, infraestrutura, segurança, habitação e outros direitos; e fere a Constituição Federal ao ampliar a exclusão social e a desigualdade econômica. Nos países do norte da Europa, como a Dinamarca, onde o interesse próprio é quase inexistente de acordo com a transparência internacional, padrões mais fortes de integridade são culturais. Nos Estados Unidos, o estado de direito e mandatos inspiram conduta ética, especialmente para medicina, direito e serviço público.

Para ilustrar nosso ponto, o juiz Ronald George, da Suprema Corte da Califórnia, disse eloquentemente sobre os advogados: "título de profissional, exige que, na prática diária, um advogado se esforce para transcender as exigências do momento, de considerar o bem maior. Advogados não são simplesmente representantes ou empregados de seus clientes, eles são oficiais do tribunal. Essa denominação nos lembra que as obrigações de um advogado não são apenas para com o cliente, mas também para com os tribunais e para o sistema de justiça do qual eles são uma parte integral."

O estado de direito existe para orientar os funcionários públicos a evitar conflitos entre o interesse público e o interesse próprio. As leis e regulamentos que estabelecem supervisão independente sobre funcionários públicos, exigem divulgações públicas e apoiam informações e boa tomada de decisão para melhorar a confiança e a participação do poder público na governança. Por exemplo, a experiência da Califórnia, ao passar um pacote abrangente de reformas políticas voltado para a ética pública e conflitos de interesse remonta ao ano de 1974.

No Brasil, a questão ética está diretamente relacionada aos princípios fundamentais, e estes, amparados pelo que chamamos no Direito de *"norma fundamental"*, aliás, podemos invocar a Constituição Federal de 1988, no art. 37, que condiciona os padrões que as organizações administrativas devem seguir e que ampara valores morais da boa conduta e preceitua como princípios da Administração Pública a legalidade, a impessoalidade, moralidade, publicidade e eficiência. De acordo com o ordenamento jurídico, percebemos que a falta de respeito ao padrão moral implica numa violação dos direitos do cidadão, comprometendo a existência dos valores dos bons costumes em uma sociedade.

No rescaldo do escândalo presidencial federal, caso paradigmático de corrupção, conhecido nos Estados Unidos como "Watergate", a Califórnia tornou-se o primeiro estado no sindicato a aprovar uma iniciativa conhecida como proposição ou lei de reforma política de 1974.

No Brasil, o combate à corrupção ganhou as manchetes no mundo graças à operação *"Lava jato"*, que contou com fases operacionais autorizadas pelo juiz Sérgio Moro, que prenderam e condenaram empreiteiras, funcionários da Petrobras, operadores financeiros e políticos.

A operação foi responsável por combater a corrupção, considerada a maior investigação de corrupção e lavagem de dinheiro no Brasil e sua força-tarefa resultou na recuperação de milhões para os cofres brasileiros.

Para Dawid Bartelt, da fundação Heinrich Böll, a operação *"Lava jato"* evidenciou males estruturais na política brasileira. Destaca: "De modo geral, a *"Lava jato"* contribui positivamente para a reputação do Brasil. Para um país que, historicamente, é conhecido também por certos níveis relativamente elevados de corrupção, que até é sistêmica, ter uma justiça que consegue tratá-la dessa forma é uma coisa inusitada na América Latina". E continua dizendo que a "operação se insere num processo de maior moralização e transparência do sistema político-econômico brasileiro e a sensação de confiança na Justiça Federal, na transparência e igualdade dos cidadãos perante a lei".

A lei visa regulamentar, estritamente, as atividades de campanha política, lobistas e todos os funcionários públicos, estaduais e locais. A função da lei é obrigar os funcionários públicos a conduzirem o serviço público e os negócios em um sistema ordenado de administração pública. O ato codificado nos estatutos da Califórnia estabelece regras unificadas de conduta para funcionários públicos. Essas regras são, no mínimo, expectativas de seus funcionários públicos e não estão abertas para a boa-fé ou mesmo interpretação do senso comum pelo funcionário. Portanto, dentre seus requisitos mais profundos, a lei exige que os funcionários públicos divulguem interesses econômicos quando tomam posse, anualmente, enquanto no cargo e quando eles saem do cargo.

Conflitos surgem quando a responsabilidade do servidor público a uma parte interfere com o interesse de outra parte. Black's, o dicionário jurídico, define conflito de interesse como "uma situação que pode prejudicar uma pessoa devido ao interesse próprio e ao interesse público". Merriam-Webster fornece uma definição mais apropriada para o nosso propósito, "um conflito entre os interesses privados e as autoridades, responsabilidades de uma pessoa em posição de confiança". No entanto, uma lei sobre um conflito de interesses não é, por si só, evidência de irregularidades. Para muitos profissionais, é praticamente impossível evitar todo conflito. A resolução do conflito torna-se um equilíbrio, agir entre justiça, transparência e inspiração de confiança.

Frank, como um prefeito, é obrigado a viver em sua cidade de Rolling Hills Estates, Califórnia. Ele vota regularmente na política e nos gastos que consertam ruas, poda de árvores e demais melhorias. Uma dessas ruas é a rua em que ele vive. As ruas presumivelmente bem mantidas melhoram os valores das propriedades, incluindo a sua. Mesmo que, tecnicamente, Frank possa ter um conflito, votar em um orçamento com despesa de rua, especialmente a sua, com base em seu interesse próprio, suas ações para manter as ruas de Rolling Hills Estates são justas. As propriedades são justas, uniformes e razoáveis, e, certamente, dentro de sua responsabilidade como membro do conselho eleito e como prefeito. Ninguém vai confiar menos nele por causa desse conflito. Todo conflito é um conflito acionável no contexto ético.

A melhor política, no caso de conflitos, é evitar todos juntos. É necessário evitar, poucos bons hábitos, a divulgação prévia e uma transparência completa pode inspirar confiança e evitar o desastre. Os profissionais do setor público são bem aconselhados a seguir de perto as suas regras organizacionais de ética, incluindo a procura de conselhos de profissionais em caso de dúvida. Finalmente, não há substituto para uma boa liderança. Nós discutiremos liderança e o valor que ela traz para nossa newgociação, paradigma no capítulo 9.

VERIFICAÇÃO DE CONHECIMENTO:

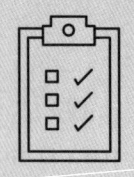

1. Newgociação é tudo sobre influência seletiva.

    Ⓐ Uma verdadeira newgociação significa direcionar o oponente para liderá-lo para a decisão selecionada.

    Ⓑ Falso negociador não é sobre influência seletiva, mas uma aprendizagem coletiva e processo de tomada de decisão para marcar um ganha/ganha.

    Ⓒ Newgociação é tudo sobre fazer o outro acreditar que você está certo.

    Ⓓ Newgociação é a arte e a ciência de impor seus valores.

2. O cérebro límbico é:

    Ⓐ Primitivo e instintivo.

    Ⓑ Lógico e linguístico.

    Ⓒ Não é útil.

    Ⓓ Calculado.

3. O neocórtex permite:

    Ⓐ Cheiro e toque.

    Ⓑ Estética.

    Ⓒ Beber.

    Ⓓ Lógica e Linguagem.

4. Tudo que é legal deve ser ético.

- **A** A lei é o barômetro mais importante.
- **B** Ética e direito andam de mãos dadas.
- **C** Nem tudo legal é ético e nem tudo ético é necessariamente legal.
- **D** A ética é mais importante que a lei.

5. O cérebro reptiliano cria comportamentos de:

- **A** Inveja, comida, bebida, obsessão, ter mais do que o outro.
- **B** Preocupar-se com o bem-estar do outro.
- **C** Covardia.
- **D** Auto-preservação e agressão, sendo essas suas principais funções.

* As respostas detalhadas a todas as perguntas sobre "verificação do conhecimento" e mais podem ser encontradas em Apêndice A, em ordem de cada capítulo.

ATORES: IDENTIDADE E CARACTERÍSTICAS DOS NEGOCIADORES

"Há duas maneiras de ser criativo. Um pode cantar e dançar. Ou pode-se criar um ambiente no qual cantores e dançarinos floresçam."

Warren Bennis.

CARACTERÍSTICAS DOS NEWGOCIADORES:

O **AUTORITÁRIO**: O autoritário é uma pessoa que vê a arte da guerra, os jogos de poder como fonte de contentamento do seu ego.

O **CONTROLADOR**: O controlador é um negociador que não tem poder como o autoritário, mas adora controlar a situação.

O **FACILITADOR**: Especialmente o líder público, é um humanista com intenções de ajudar, reunir e integrar.

O **EMPREENDEDOR:** O empreendedor considera o risco como uma chance de grande prêmio.

O **VISIONÁRIO:** O visionário pensa sobre o tempo, sobre o legado, sobre como ele será lembrado.

Neste capítulo, descrevemos a tipologia crítica de nossas newgociações e os atores enquanto se orientam para a newgociação na prática.

Enquanto a maioria de nós tem ingredientes de cada tipo, normalmente encontramos nosso espaço natural e confortável para negociar, enquadrado pela nossa personalidade geral e contexto. Enquanto o gênero desempenha um papel em exemplos que observaremos neste capítulo, cada ator que descrevemos pode ser homem ou mulher em vários cenários. Generalização ou estereotipagem não fazem sentido para o nosso propósito. Como discutimos aqui, alguns atores e tipos são claramente mais úteis em newgociações cooperativas e, em alguns casos, até são ideais para o que descrevemos como nossa newgociação.

Outros, por outro lado, são assertivos, distributivos e posicionais. Nós não somos psicólogos clínicos, mas observamos praticantes que conhecem e reconhecem os diferentes atores para projetar estratégias para negociar ou encontrar o quadro certo.

O AUTORITÁRIO

O autoritário é uma pessoa que vê a arte da guerra e os jogos de poder como fonte de contentamento do seu ego. Pode ser um comportamento momentâneo ou mais um estado de ser rotineiramente estável que se torna mais difícil mudar, como as pessoas que vivem no mesmo estado da mente. Ele é um negociador difícil, porque está predisposto a usar todos os meios para alcançar o seu fim. Ele é um guerreiro, competitivo e com ciúmes.

Ele tem inveja do que é melhor e está preparado para violar as regras de ética e até mesmo as regras de direito, se forem melhores que as outras. Ele pode ser destrutivo. A testosterona que ele produz reforça seu comportamento agressivo para ganhar às custas dos outros. Ele não compartilha e prefere o método de dominação para criar valor, nem sempre desejando distribuir valor.

O autoritário se encaixa melhor em um sistema hierárquico de governança. Ele ameaça aqueles que não concordam com ele e recompensa aqueles que aceitam seus caminhos e regras. Ele impressiona com pessoas e objetos de autoridade, uniformes, carros e casas. Ele é egocêntrico, então ele vai esculpir sua imagem, seu corpo, tudo o que alimenta sua vaidade e autoestima. Ele é avesso ao risco. Ele não gosta de mudar ou tolerar novas ideias, a menos que sejam dele. Em suma, o autoritário usa o poder como um processo para tomar uma decisão.

A literatura chama esse poder *"duro"* em oposição a *"suave"* ou *"inteligente"*, poder que é baseado na diplomacia, realidade econômica, influências humanitárias e culturais. O autoritário ama o drama. Ele é tipicamente cínico e pessimista. Ele é o único que segura o passaporte de sua esposa no aeroporto, pagando todas as contas, fazendo os serviços bancários e tomando todas as decisões importantes em casa. Como mencionamos, gênero não é necessariamente controlado aqui; uma mulher pode ser autoritária nesse contexto tanto quanto um homem.

Ambos jogam duro na sedução, eles são difíceis, eles não ligam de volta quando chamados e eles não têm nenhuma empatia pelos sentimentos dos outros. Esses competitivos negociadores não dão muita importância ao valor dos relacionamentos. Eles são sempre suspeitos, eles até abrigam hostilidade contra seus oponentes. O autoritário ouve menos, mas fala mais. Ele está acostumado a usar ferramentas de coerção, ameaças e recompensas para ter pessoas sob seu comando ou que aceitem suas regras. O autoritário deve fazer a oferta final para fechar um acordo. Como discutiremos mais adiante, ele certamente não é um protótipo para nosso paradigma de newgociação, especialmente no serviço público.

A linguagem para atrair o autoritário é mais frequentemente sobre ser leve, não conflituosa, descomprometida, simples. Os negociadores capacitados, portanto, permitem ao autoritário falar enquanto desenvolvem opções e melhores alternativas, que discutiremos em capítulos posteriores.

O perito negociador encontra maneiras de elogiar o ego autoritário e vai acariciando sua vaidade ao tentar movê-lo para um desejado terreno mais neutro, para a construção de consenso e para chegar a um acordo baseado em um quadro diferente. O autoritário sempre quer tomar a decisão ou ter a última palavra.

Autoritários são negociadores baseados em posição. Os negociadores procuram interesses, preferências e desejos para facilitar um acordo ganha/ganha sobre o mérito. No início de nossa educação francesa, aprendemos a história do embaixador de Napoleão, Charles-Maurice de Talleyrand-Périgord. O embaixador Talleyrand negociou a sobrevivência de uma ponte histórica em Paris, que ainda hoje é usada e maravilhada como uma das mais belas e ornamentadas pontes no mundo. Hoje a ponte liga Les Invalides, o site da tumba de Napoleão, na margem esquerda da Champs-Élysées, à margem direita do centro de Paris.

Talleyrand, que foi diplomata de Napoleão, tinha negociações difíceis com o imperador da Prússia, Alexandre III, sua tarefa era dissuadir um mito poderoso autoritário, que ocupou e controlou Paris como um território. O Imperador prussiano achava que os franceses não eram dignos e culturalmente não apreciavam sua bondade. Para puni-los, o imperador Napoleão foi notificado que ele iria destruir a ponte que tem importância cultural e logística no centro de Paris. Enquanto o embaixador inglês Eaton obteve um pequeno atraso por meio de suas newgociações, permaneceu a decisão sobre a destruição da ponte.

O autoritário não foi movido. A narrativa ou o quadro sobre a newgociação teve que mudar para que a França salvasse a ponte. Talleyrand sabia que ele não teria chance de discutir esse assunto com esse autoritário, que já havia se decidido em seus próprios termos. Para Talleyrand, foi necessário mudar a narrativa (como frequentemente discutimos em nossos cursos "mudar o quadro" da posição competitiva para baseada colaborativamente e baseada em interesses), com criatividade e fornecendo opção graciosa ao imperador.

Quando perguntado se ele tinha vindo em nome de Napoleão para salvar a ponte da destruição, Talleyrand respondeu que ele tinha vindo em nome dos franceses para convidar sua majestade Alexandre III para vir a Paris para o batizado dessa maravilhosa ponte como "Pont d'Alexandre III". Nesse dia, Pont d'Alexandre III continuou a ser uma joia de Paris.

A história de Talleyrand ilustra as habilidades de newgociação do livro didático em desarmar o autoritário, criando algo novo, criativo e uma opção graciosa ou narrativa, fora do caminho do autoritário, para permitir-lhe tomar a sua decisão, o que ele não quer desesperadamente fazer. Nos tempos modernos, conhecemos muitos desses autoritários, que são treinados em escolas de negócios de elite para ganhar sempre. A sabedoria para lidar com um autoritário é não entrar em uma escalada ou em uma rivalidade simétrica, mas dar tempo e um "e se" com um sorriso. Madre Teresa costumava dizer "a paz começa com um sorriso" e, por um bom motivo, especialmente nesse contexto. Nunca subestime o poder da diplomacia e da graça, mesmo em newgociações difíceis.

O CONTROLADOR

O controlador é um negociador que não tem poder como o autoritário, mesmo assim gosta de controlar a situação. Ele odeia insegurança. Ele quer ter prova de amor, respeito e verdade. O controlador tem uma baixa autoestima, mas ele aprendeu a expressá-la por meio de características opostas. Ele é defensivo e cheio de medo. Ele nunca se sente bom o suficiente, é aterrorizado e os adversários vão sentir essa insegurança. O controlador precisa estar certo e se sentir no controle. A falta de controle traz ansiedade e medo, forçando uma resposta agressiva usando o ganha/ganha ou o quadro competitivo.

O controlador não é capaz de se preocupar com as necessidades e sentimentos dos outros, porque ele deve se defender a todo custo. Ele quer usar normas, estrutura legal e conformidade como fontes de confiança. O controlador não é um sonhador, não é romântico; dificilmente é um empreendedor. Ele quer ter dados, métricas, alvos e medidas. Gosta de rotinas, práticas organizadas e provas para não deixar dúvidas.

Para seduzir ou tornar-se atraente para um controlador, um bom negociador tem que ser a terra, responsável, lógico e comprometido. Responsabilidade, educação e maturidade são habilidades que um controlador prefere. Para ser confiável por um controlador, um negociador deve mostrar que ele está enraizado na tradição, amor à família e regra de lei.

Os controladores não buscam momentos agradáveis, precisam de um agente de segurança, de banqueiro, provedor e critérios seguros para comprovar que o outro é uma boa pessoa. Eles procuram referências de caráter e ética de trabalho. Por natureza, os controladores procuram pureza, transparência e integridade, antes que eles confiem ou abram seu coração. Como eles são cautelosos, tendem a ser agressivos no início e frios com pessoas que eles não conhecem. Controladores são lentos na análise e na tomada de decisão, porque temem erros.

Rodin disse uma vez: "tudo o que é feito com o tempo, o tempo respeita. Os controladores precisam sentir que é a hora certa, o bom humor, a oportunidade certa antes que qualquer coisa possa acontecer". O vocabulário do controlador inclui honra, senso de dever, integridade, sinceridade, boa-fé, moralidade, patriotismo, igualdade, compromisso, praticidade, racionalidade, objetividade e um passo a um tempo. Padrões, normas, leis, tradição, tempo e contexto para fazer o controlador relaxar são a chave para qualquer newgociação com um deles.

A paciência geralmente é recompensada ao negociar com um controlador. Como qualquer bom pescador dirá, não faz sentido tentar pescar truta ao meio-dia, os tempos ótimos são no início da manhã ou depois das 18h. Da mesma forma, um bom negociador deve encontrar a hora certa e a oportunidade de marcar uma vitória com um controlador. Newgociação com um controlador é um jogo de resistência, um jogo de perseverança e adaptabilidade para esperar o momento certo e o contexto, usando o vocabulário que ele está mais confortável. Nós discutimos contexto de newgociação e timing em capítulos posteriores como parte de nossa técnica.

Enquanto somos compelidos a entender e a lidar adequadamente com autoritários e controladores em newgociações da vida real, suas tipologias não são tão úteis para o nosso paradigma de newgociação sem alguns ajustes ou um novo quadro. O uso do tempo, dados, paciência, criatividade, elegância e relacionamentos podem atender à necessidade para o autoritário fazer a oferta final ou relaxar o controlador para confiar e entrar no nosso quadro colaborativo para a newgociação.

Tanto quanto é importante saber como mudar a narrativa de um autoritário para forçar uma decisão que ele está predisposto a fazer, é importante criar condições para que os controladores sejam desenvolvedores, obedecendo às regras, mantendo a tradição, enquanto atraente na superfície, deixando muito pouco espaço para a criatividade confiável e inovação. Com paciência oportuna e dados fortes sobre os fatos, bons negociadores permitem que os controladores desenvolvam sua própria narrativa consistente com um quadro mais colaborativo.

Por exemplo, um controlador nunca poderia ver sucesso em uma empresa como a Virgin de Richard Branson. Branson disse que o tempo e, mais uma vez, mais do que qualquer outro elemento, a felicidade são o segredo para o sucesso da Virgin. Embora seja importante dar valor a dados, às métricas e à prevenção de riscos, é mais importante a newgociação para ensinar os controladores a serem mais abertos, flexíveis, confiantes e mais focados em fazer outras pessoas felizes, a requisitos básicos do ganha/ganha ou quadro colaborativo.

À medida que entramos na era de mais transparência, especialmente em círculos governamentais, o desafio é apreciar a genialidade, a dedicação do controle ao estado de direito e à aversão ao risco, enquanto fazendo-o confiar mais para o bem do todo. É importante forjar um relacionamento, criar um modo de vida de confiança, uma cultura que integra precaução e gerenciamento de risco. Isso é precisamente o que a IBM descobriu em 2003, pesquisando seus 319.000 funcionários em um "atolamento de valores". Os valores mais comuns da IBM na pesquisa foram "confiança e responsabilidade pessoal em todos os relacionamentos".

Sabemos que os controladores demoram a confiar. Nós, previamente, observamos que são cautelosos e lentos para agirem em um esforço para proteger-se em sua reputação. Infelizmente, esse comportamento reduz a probabilidade de fechamento de um acordo, com a falta de confiança aumentando os custos da transação, enquanto diminui a produção. Kenneth Arrow, um vencedor do Prêmio Nobel de Economia em parceria com vários estudiosos da FGV, Stanford, MIT e Harvard, publicaram um livro no Brasil, articulando claramente que a maior parte do atraso econômico ou burocracia econômica no mundo pode ser explicada ou atribuída à falta de confiança mútua.

Com base em nossa experiência, extrapolamos que isso é verdade na política, newgociação e administração pública. Capital social na criação de capital humano e confiança são importantes tópicos que acadêmicos e profissionais têm abordado durante séculos para melhorar o desenvolvimento econômico, político, administrativo e humano global por meio de comportamentos e resultados. Nós os discutiremos no contexto de newgociação, em capítulos posteriores deste livro.

O FACILITADOR

O facilitador, especialmente o líder público, é um humanista com intenções de ajudar, reunir e integrar. Ele confia em pessoas, aceita diferenças e concilia no trabalho e em casa. Ele acomoda cooperação, flexibilidade e encontra harmonia. Ele não gosta de sistemas hierárquicos e prefere colaboração para concorrência. Ele gosta de abertura e transparência. Ele é um líder que gosta do estilo de gerenciamento de equipe, gosta de treinar pessoas e se esforça para elevar as pessoas, valorizando a lealdade.

O facilitador é estimulado pelo desafio intelectual, a conversa e a aprendizagem. Ele gosta do prazer do debate, de desafiar ideias; e não se importa em mudar suas próprias opiniões. Ele não vê discordância como uma fonte de conflito, mas uma oportunidade para rever e atualizar crenças, procurar a verdade de boa-fé, sem autoengano. Ao contrário, o controlador é inseguro e o autoritário autocentrado, o facilitador pensa e fala como "nós" e não como "eu".

O facilitador é um doador. Ele não tem um ego forte, mas um ego suave que credita aos outros no processo. Ele é muito eficaz, gosta de decisões democráticas e partilha responsabilidades. É um treinador que escuta e identifica os pontos fortes e fracos de seus parceiros ou colegas de equipe. Ele prefere longo prazo para perspectivas de curto prazo. Vê valor na integração, bondade e diplomacia, procura relacionamentos pacíficos e evita conflitos. Ele não procura ou aprecia agressão, mas busca por cooperação e parcerias. É empático, em termos de ser capaz de andar nos "sapatos de outros" antes de tomar decisões.

O facilitador gosta de construir consenso mesmo na diversidade ou adversidade. A mentalidade de facilitador é toda sobre redes sociais, integração, delicadeza e diplomacia. Por exemplo, o facilitador prefere dizer: "Vamos jantar hoje à noite. Eu posso ir buscá-lo", em oposição ao autoritário, que está predisposto a dizer: "Eu estou jantando hoje à noite. Eu quero te convidar"; e o inseguro controlador está programado para dizer: "E o jantar hoje à noite? Você tem outros planos?" Ensinar nosso paradigma de newgociação é sobre compreender a biologia do cérebro humano e a cultura de mentalidades de bondades, alinhadas com o facilitador. Mais estudos mostram que uma criança criada com amor, carinho e gentileza é mais inteligente e flexível, portanto, mais propensa a ter um perfil facilitador.

Embora não seja nosso propósito preferir um gênero, as mulheres são favorecidas biologicamente nessa categoria. Em um estudo publicado por *Proceedings of National Academy of Sciences*, pesquisadores da Escola de Medicina da Universidade da Pensilvânia descobriram que os cérebros dos homens são construídos "em linha reta, como uma flecha, uma rodovia", na parte de trás de cada hemisfério, onde a informação é reunida, para a frente, que controla o comportamento resultante.

Os *neuropathways* ou as estradas em "cérebros das mulheres têm mais conectividade entre o hemisfério esquerdo, que é mais analítico; e o hemisfério direito, que é mais intuitivo; e podem ler situações sociais com muito mais complexidade". Os homens exibem alguma conectividade, mas é muito menos profunda. Então homens são "ver e depois fazer", enquanto as mulheres são "mais intuitivas" e, finalmente, um estudo semelhante descobriu que enquanto os homens executam uma tarefa singular, as mulheres são mais multitarefas.

A *Harvard Business Review* relata em estudo recente liderado por Mario Daniele Amore, da Universidade Bocconi, em Milão, que no geral, quanto mais mulheres no conselho de uma empresa liderada por mulheres, maior a probabilidade de lucro. Esse estudo de milhares de famílias, empresa de propriedade, na Itália, descobriu que a presença de mulheres coopera para o sucesso final.

No nível organizacional, a *Harvard Business Review* descobriu que as empresas mais lucrativas são aquelas com cultura de facilitação, cuidado e empatia. Zeynep Ton, uma associada professora do MIT e autora de *The Good Jobs Strategy*, com base em mais de uma década de pesquisa concluiu que a excelência operacional permite que as empresas ofereçam preços baixos aos clientes, garantindo bons empregos para seus funcionários e resultados superiores para seus acionistas.

Sol Price, que revolucionou o mercado de varejo com a FedMart, a Price Club e depois a Costco, inventou essa cultura. Na Costco, 98% dos gerentes de loja são promovidos dentro da empresa. Não surpreendentemente, o cuidado e a empatia demonstrados pela gestão são retribuídos pela baixa rotatividade de funcionários. Mais experientes, os funcionários são mais produtivos e inovadores, o que reflete positivamente nos negócios e vendas.

Nós alegamos que o facilitador que treinou para exercer o cuidado e empatia é o melhor negociador. Nós não estamos surpresos de ver diplomacia corporativa com facilitação, oferecida como parte do currículo principal nas escolas de negócios hoje, nem é surpreendente ver liderança intersetorial destacando a governança colaborativa como um curso básico em escolas de políticas públicas. Mais e mais escolas de direito estão oferecendo currículos fortes sobre pedagogia de mediação com foco no papel do facilitador e do solucionador de problemas.

Aprendemos que os facilitadores não julgam ou avaliam como controladores. Eles não estão predispostos a culpar ou a punir como autoritários, mas preferem pensar em termos de coevolução e responsabilidade compartilhada. Os facilitadores estão perdoando, revisando e atualizando. Eles são neutros, mediadores, pesquisadores e empáticos ouvintes, alunos que aceitam a diversidade e toleram a divergência de opiniões. Eles são mais sobre o "como" do que o "porquê" ou mesmo o "quê".

Durante seu trabalho de pós-doutorado em Harvard, Yann conheceu Arthur Levitt Jr., o mais antigo presidente do conselho de administração da Securities and Exchange Commission, que estava em uma turnê do livro. Antes de Madoff e dos escândalos subprime, o presidente Levitt e Warren Buffett previram o risco de não criar mecanismos de controle, parâmetros e padrões de transparência para ganhar a confiança dos investidores.

O presidente Levitt, em uma conversa pessoal, também ofereceu seus pontos de vista sobre o papel do inestimável facilitador CEO na 21ª Century, observando que nos anos 80 o CEO ou o líder de uma organização era tipicamente uma pessoa financeira, porque havia muitas fusões e aquisições e, portanto, redução de custos era uma prioridade estratégica para o líder. Nos anos 90, o CEO era tipicamente um advogado, porque ações de classe e ser influenciador da legislação-chave faziam parte de qualquer plano estratégico corporativo. Por exemplo, o CEO da então AOL disse uma vez "ter influência na criação da lei é mais importante do que a tecnologia".

O CEO da L'Oréal no Brasil, admitiu que vender mais de 180 milhões de frascos de xampu e produtos foi bom, mas a L'Oréal realmente ganhou dinheiro favoravelmente usando a legislação tributária brasileira. Finalmente, o presidente Levitt previu, então, que o CEO do século XXI seria um diplomata, um facilitador que reuniria pessoas de vários setores sob o guarda-chuva de colaboração e a forma graciosa de governar. De fato, estilos de gestão autoritários e controladores, hoje, são bastante arcaicos e ineficientes. Facilitadores ganharam vantagem competitiva sobre um autoritário mais rígido, controlando estilos, mesmo na organização historicamente hierárquica.

Nós pedimos a vários generais e comandantes das Forças Armadas e organizações policiais no Brasil e nos Estados Unidos relatos sobre seus estilos de liderança. O que eles descreveram nos surpreendeu um pouco, porque esperávamos muito mais de uma gestão de estilo autoritário em topo da pirâmide organizacional. Eles apontaram para nós, que estávamos pensando em estruturas militares ou paramilitares convencionais, que não há nada convencional sobre a administração das Forças Armadas de hoje ou das organizações policiais em nossas cidades ou estados.

Eles descreveram uma organização horizontal e com muitas facetas técnicas e interdisciplinares para ser ágil, inovadora e eficiente. Mais importante, eles viram o seu papel como facilitadores dessa interconectividade que faz organizações mais complexas, mas ainda gerenciáveis, nos dois ensinamos nesses ambientes organizacionais.

A noção de policiamento comunitário, por exemplo, é tudo sobre capacitação e facilitadores em todas as fileiras, para envolver positivamente a comunidade e efetivamente garantir sua segurança. Colaboração interdisciplinar e facilitação entre os vários ramos das Forças Armadas, também como seus fornecedores e contratados, contribui para um militar eficiente. Da mesma forma, oficiais de bancada ou juízes no século XXI aprendem que um papel mais facilitador no início de qualquer litígio promove mais assentamentos, economizando enormes quantidades de tempo, de teste e dinheiro do contribuinte.

Em nossa pesquisa para este livro, também nos deparamos com vários exemplos de negociadores que são facilitadores exemplares. Esses são líderes que entendem o valor de cada setor sob o guarda-chuva de colaboração para governar e, mais importante, entender que a governança moderna é um triângulo entre meritocracias de especialistas e tecnocratas, eleitos executivos representantes e consultores participativos.

Hoje não se trata de impor ou ordenar um resultado por poder puro ou controle, mas sobre a criação de suporte e uma plataforma para essa troca de ideias ocorrer, estimulando o coletivo e a inteligência. A maioria dos líderes que falham nesse esforço são os que se concentram em um setor ou em um segmento de vários setores, enquanto culpam os outros por todas as deficiências. Nosso paradigma de newgociação se beneficia de todo o aspecto de colaboração de todos os setores, sejam eles mais eficientes ou produtivos; o mais importante na representação do setor público, além do cargo público, é o chamado para servir.

Por último, mas não menos importante, queremos abordar o papel do facilitador dentro do contexto e cultura locais. A importância de falar várias línguas, praticamente e figurativamente não pode ser subestimada para um facilitador ser bem-sucedido. O facilitador capacitado não só fala sua língua local, mas também está totalmente imerso em seu local e cultura. Ele pode contar a história de sua cidade ou vila. A proximidade dele com sua comunidade é o que o faz ser o melhor agente para a mudança e melhor facilitador em nosso novo paradigma de newgociação. Por exemplo, ninguém melhor do que o prefeito e seus colegas no conselho da cidade de Rolling Hills Estates, na Califórnia para conhecer o pulso dessa comunidade semirrural, onde cavalos e pavões coexistem, onde cowboys reais ainda vivem no oeste dos Estados Unidos.

Frank ensina, em todo o mundo, um tópico sobre governança local e liderança facilitadora. Ele é o primeiro a admitir que enquanto o que ele tem para compartilhar é o melhor, com bolsas disponíveis e práticas com uma ampla gama de aplicações, isso pode ou não ser adequado para consumo em outra comunidade, cidade ou estado nos Estados Unidos ou em outro país. Cabe ao facilitador local transferir ou adaptar inovações de administração pública e governança ou figurativamente falar a língua da sua comunidade. Um tamanho serve para todos, mas não é a mesma norma na administração pública ou na nossa newgociação. O local, contexto e cultura são inegavelmente importantes.

James Salacuse escreveu um importante artigo articulando dez maneiras pelas quais a cultura impacta as newgociações. As lições aqui são sobre fazer como os romanos fazem em Roma. Sua pesquisa descreve 10 fatores de negociação e compara-os com relação aos impactos. Somente o agente local pode facilitar efetivamente essa newgociação e o processo. O proverbial *"faux pas"*, comportamento agressivo ou passivo, a linguagem corporal inaceitável ou simplesmente palavras impactam drasticamente o resultado das newgociações. Nosso conselho é encontrar sempre um "romano" para facilitar em Roma.

O EMPREENDEDOR

O empreendedor considera o risco como uma chance de grande prêmio. Ele quer ser o primeiro em tudo, pois é aí que ele pode ganhar mais dinheiro ou criar mais oportunidades. Como o capitalista de risco do Vale do Silício ou o comerciante em Wall Street, ele é um otimista que está disposto a ignorar as chances de perda, se ele for capaz de imaginar as chances de grande ganho. Ele é dirigido por paixão, pelo *"sonho"* e pelo desafio de criar algo novo. Richard Branson, em seu livro *Acredite em Você e Vá em Frente* publicado no Brasil, disse que ao contratar pessoas, ele procura alguém com brilho nos olhos, alguém que vai suar para a empresa capturando o sonhar e alguém que ama apaixonadamente o que ele faz. O empreendedor é dinâmico, motivado, com um entusiasmo contagiante.

Não é de surpreender que o entusiasmo em grego signifique ter "Deus no interior". O empreendedor gosta de distinções. Ele quer quebrar regras, viver mais perto da borda, viver como um revolucionário. Quer ser o primeiro a ler, o primeiro a ter, o primeiro a ensinar. Quer ser o pioneiro, o líder da indústria, ser o criador.

O empreendedor pensa a médio e longo prazo, os investimentos criam um novo histórico. Ele é o moderno negociador, com a melhor e mais nova tecnologia, sempre na última moda. É o campeão do mais novo pioneirismo e, às vezes, até seu estilo de vida é perigoso. A turnê mundial de Richard Branson em um balão demonstra esse desejo. Sua sedução ao turismo suborbital é bastante instrutiva da mentalidade do empreendedor. Ele considera recompensa financeira e risco, mas não antes de seu encantamento pelo conceito, o desafio, o perigo e a paixão do ser humano.

A emoção de conseguir constrói seu entusiasmo, motivação, criatividade e inovação. Os fundadores do YouTube e MySpace disseram a um grupo de empresários brasileiros que é necessário focar nessas habilidades para imitar a cultura do Vale do Silício no Brasil. A necessidade para motivar agentes de mudança para criar, inventar e se emocionar no processo.

Anos após o sucesso de trazer a Elite Model Management para o Brasil, Ricardo Bellino, um empreendedor *self-made*, criou um novo interesse, um sonho e uma aventura para elevar o estilo de vida brasileiro. Trazer luxo internacionalmente reconhecido para o Brasil significava seduzir outro empresário já no negócio de fornecer para os ricos e famosos em outros lugares. Ricardo Bellino foi rejeitado por Donald Trump, mas perseverou, estava determinado a triunfar, usando a abordagem cognitiva de inteligência investigativa para ter impacto positivo.

Reconhecendo as habilidades complexas de Trump como negociador e seu espírito empreendedor, Bellino entregou a Trump convincentes e, principalmente, excitantes dados sobre o estilo de vida do brasileiro. Ele era criativo, mas no ponto. Ele disse a Trump que a segunda maior frota do mundo de helicópteros e jatos particulares residem no Brasil. Ele disse a Trump que a Rua Oscar Freire, uma rua de São Paulo, é a 8ª mais luxuosa rua do mundo e apenas segunda nas Américas, perdendo apenas para a 5th Avenue, na cidade natal de Trump, em Nova York.

Ele também apontou que o Brasil é a maior economia da América Latina, com uma compra com paridade do poder de US$1,04 trilhão e uma taxa de crescimento real de 3% ao ano. Todo esse otimismo e excitação transformaram o cinismo de Trump em dinamismo e entusiasmo. Bellino tinha conseguido motivar esse agente de sucesso de mudança para ser feliz e trazer a sua marca para o Brasil.

Curiosamente, Bellino, então, trocou os papéis de um empreendedor a um facilitador, um papel mais adequado para negociar implementação do sonho entre investidores brasileiros com triunfo. Essa mudança não é incomum em nosso contexto para os profissionais do setor público, especialmente quando nós, como prefeitos e membros do conselho, temos o sonho de nossas comunidades serem agentes de mudança em termos de desenvolvimento econômico e depois tornarem-se facilitadores para implementar o desenvolvimento.

Empreendedores primeiro devem criar o otimismo e a excitação necessária para trazer a mudança; e facilitadores, mais tarde, implementarão a mudança entre organizações comunitárias e cidadãos.

O VISIONÁRIO

O visionário pensa sobre o tempo, sobre o legado, sobre como ele vai ser lembrado. Ele é um símbolo de generosidade, integridade, justiça ou elegância moral. Geralmente, ele está preparado para se sacrificar por uma causa maior e para as futuras gerações. Ele pensa a longo prazo. Ele pensa em paz, progresso e prosperidade de sua comunidade, e mesmo em seus semelhantes. Seu maior legado e propósito na vida é o que o impulsiona.

O visionário não está interessado em relacionamentos curtos, mas em relações sustentáveis e de longo prazo. Ele não procura satisfação imediata. Ele é um planejador social; ele trabalha com desafios sociais, um conflito em uma família, talvez. Ele gosta de resolver problemas e não teme a adversidade, porque está sempre depois da solução. O visionário faz o papel de um grande assistente social, uma enfermeira, um matemático, um historiador, potencialmente um prefeito, um governador ou presidente em um bom dia. Mas ele também é um extremista perigoso.

O visionário é ainda mais propenso a riscos do que o empreendedor, ele está preparado para tomar medidas drásticas para o bem de muitos. Ele é filantrópico. É dado a causas mais grandiosas do que ele mesmo e está preparado para dizer "não" com base no princípio, se o princípio servir à sua causa. Ele é um idealista, que pode fazer muitas coisas boas ou ser perigoso. Os fins podem justificar qualquer meio para o visionário. Enquanto a questão pertinente na newgociação pode ser *"quando"* para o autoritário, *"o quê"* para o controlador, *"como"* para o facilitador, é principalmente *"porquê"* para o empreendedor e para o visionário. Para literatura de liderança, é bastante notável. Nós discutimos liderança, a importância da missão, visão e objetivos no capítulo 9.

Há cerca de 10 anos, durante um de seus seminários para juízes brasileiros, Yann fez uma pergunta interessante: se um extraterrestre for à Terra e pedir que faça referência a 5 embaixadores da humanidade, quem você sugeriria? Nesse contexto, Mandela, Martin Luther King, Gandhi e Madre Teresa, regularmente. Naturalmente, não bilionários, atletas ou pop stars foram mencionados. Embora dado que esse era o Brasil do futebol, a estrela Pelé surgiu algumas vezes. Os indicados eram pessoas que fizeram um sacrifício desproporcional para mudar o mundo para melhor, sem qualquer autoridade particular, mas com uma força muito forte de visão para o futuro.

O que foi mais surpreendente, no entanto, foi que Yann, em seguida, fez a mesma pergunta na China, Índia, França, Colômbia, Estados Unidos, Portugal e Nigéria, para mais de 20.000 profissionais e, com poucas exceções, os mesmos quatro sempre surgiram. Isso é porque nós, como seres humanos, somos pré-condicionados a amar visionários, a atratividade de pessoas com uma mentalidade do "pensar diferente" tem vindo conosco por séculos. Em seu livro *Negociando com o Diabo, Quando Dialogar, Quando Lutar*, Robert Mnookin observa que as pessoas que resistem contra ditadores ou regimes ditatoriais e optam por não fazer concessões, normalmente têm um maior senso de dever.

Quando o padrão era "colonialismo", Gandhi imaginou mudança nesse padrão. Mandela escolheu ficar 27 anos na prisão em vez de encontrar um arranjo fácil com o regime ditatorial do Apartheid. Como um visionário, ele fez o sacrifício pelo longo prazo para realizar uma sociedade pacífica e harmoniosa na África do Sul. O visionário pensa em termos de concessão, em termos de critérios e padrões morais, não padrões sociais. Ele tem um imperativo categórico que o torna impermeável às tentações. Ele ora, se isola. Está preparado para renunciar prazer imediato, o que o torna tão difícil de corromper. Fidelidade, integridade, moralidade é o que ele procura. Elegância moral e ética conduzem suas ações, porque são o seu propósito e seus valores.

Esses mesmos visionários surgem em nossa literatura de liderança e discussão. Isso, certamente, não é surpreendente para nós. O sucesso da Apple é atribuível a esse mesmo "pensar", noção diferente. Com imagens de Gandhi, Martin Luther King e Picasso em vários anúncios, a Apple fez seu caso para os seus fãs e clientes. A visão de Steve Jobs tornou-se sinônimo de cultura para todos. O "porquê" é o último na motivação de qualquer negociação.

Simon Sinek disse para começar com o *"porque"*. O *"porquê"* representa o propósito, o sonho, o estilo de vida, o humor e a sensação. É precisamente onde o cérebro límbico opera. O cérebro límbico é todo sobre o implícito, a imaginação, a percepção holística e a atenção plena. Francisco Varela chamou de "mente incorporada" tudo o que sentimos. Pessoas e empresas que são bem-sucedidas em nosso novo paradigma da newgociação sempre começam com o porquê, o propósito, o contexto, a cultura e a atmosfera.

O *"quê"* e o *"como"* ou o preço e os termos como tópicos secundários sempre mais tarde. No contexto das campanhas políticas, todos nós lembramos do *"porquê"* no slogan de Bill Clinton, "é a economia estúpida", Barak Obama "esperança e mudança", Emanuel Macron "juntos, França", Marine Le Pen "escolha a França" e Donald Trump "tornar a América ótima novamente".

Também sabemos que os consumidores da Apple e da Harley Davidson compraram para o "porquê", e certamente não para o preço ou termos. Essas marcas icônicas atraem nosso cérebro límbico. Elas exemplificam as visões de "mudar o mundo" ou a "liberdade americana". Enquanto a Apple e a Harley Davidson sempre começam com o sonho, contexto a longo prazo, propósito e cultura, o "como" e "o que" são a parte lógica da newgociação, abordando as necessidades do neocórtex, que é a parte mais desenvolvida do cérebro humano.

Em outras palavras, o neocórtex está envolvido em funções superiores, tais como percepção sensorial, geração de comandos motores, raciocínio, pensamento consciente e linguagem. A habilidade mais valiosa do líder público visionário é precisamente o talento, a intuição, a imaginação, a cultura e contexto no momento de moldar e eloquentemente descrever o *"porquê."*

Isso aborda o cérebro límbico antes de tomar qualquer discussão para o *"o quê"* ou o *"como"* envolver o neocórtex. Campanhas políticas foram vencidas e perdidas no *"porquê"*; indiscutivelmente, eleitores atraídos para essa mensagem, em vez da possibilidade de *"como"* e *"o quê"*.

Portanto, seguimos este quadro de mensagens na descrição do nosso paradigma e processo de newgociação.

VERIFICAÇÃO DE CONHECIMENTO:

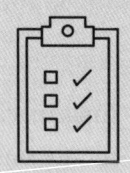

1. Como negociador, **o autoritário**:

    A Escuta mais do que fala.

    B Cria e faz concessões.

    C Prefere a dominação para criar valor.

    D Ama a paz.

2. **O controlador**:

    A É mais propenso ao risco do que avesso ao risco.

    B Utiliza normas, padrões, estrutura legal e conformidade como fonte de confiança.

    C Gosta de debater sobre novas ideias.

    D Confia nas pessoas.

3. **O facilitador**, por outro lado:

    A Usa táticas de poder para liderar grupos.

    B Acomoda cooperação e encontra harmonia.

    C Usa o tempo para pressionar as decisões rápidas.

    D Usa o medo de fazer as pessoas cooperarem.

4. **O empresário provavelmente contratará alguém**:

    A Com brilhos nos olhos captando o sonho do projeto ou empresa.

    B Com credenciais suportadas por documentação, padrões e referências.

    C Com um plano de negócios detalhado em uma planilha.

    D Com tradições estabelecidas.

* As respostas detalhadas a todas as perguntas sobre "verificação do conhecimento" e mais podem ser encontradas em Apêndice A, em ordem de cada capítulo.

Newgociação como um Processo

"Seja uma referência de qualidade. Algumas pessoas não estão acostumadas a um ambiente onde a excelência é esperada".

Steve Jobs

Há *4 ETAPAS* anatômicas para ancorar nossa técnica de newgociação;

São elas: **PREPARAÇÃO, CRIAÇÃO DE VALOR, DISTRIBUIÇÃO DE VALOR E IMPLEMENTAÇÃO.**

Negociação como um processo, também demonstra que existem 10 elementos mais relevantes que se correlacionam diretamente com esses *quatro passos*.

OS ELEMENTOS incluem: **CONTEXTO, INTERESSES, OPÇÕES, PODER, COGNIÇÃO, RELACIONAMENTO, CONCESSÃO, CONFORMIDADE, CRITÉRIOS E TEMPO.**

A fim de criar, portanto, uma linguagem comum ou um plano coletivo viável de newgociação, discutiremos adiante nossos *4 passos e a aplicação de cada um dos 10 elementos para as 4 etapas em cada newgociação*. Além disso, para assegurar o sucesso com a implementação em cada newgociação, nós vamos propor *10 critérios de referência* para implementação e avaliação do nosso paradigma de newgociação para uso futuro.

Nós chamamos isso de processar a *técnica 4–10–10 de newgociação*. Esse modelo lógico é para todas as newgociações, especialmente para os funcionários públicos. Recomendamos seu uso metódico para melhorar a produtividade, probabilidade e valor em todas as newgociações. Nós vemos o perfil de todos os negociadores com o objetivo de educar e treinar. Newgociação é tudo sobre transformação. Enquanto existir controvérsia, é necessário negociar, facilitar uma discussão franca para acelerar o encontro das mentes e do bom processo coletivo, de tomada de decisão. Jack Welch chama isso de "franqueza amigável."

Antes de chegarmos ao conteúdo substantivo ou à anatomia da nossa técnica de newgociação, alguns princípios preliminares sobre o processo são a chave para o sucesso do resultado. Primeiro, saber com precisão os perfis de cada participante para essa newgociação é fundamental para nossa abordagem e preparação. Nós dizemos em nossas aulas, a preparação é vital. Por exemplo, é um funcionário eleito ou um político nomeado participante? Existe representação do pessoal no grupo? Os advogados estão presentes? Os consultores estão facilitando? São todas partes interessadas com autoridade ou legitimidade? Depois dessa identificação do participante da etapa preliminar, reconhecer o tipo de negociador é o próximo passo para um negociador qualificado, para estabelecer a estratégia antes de abordar a tabela de newgociação.

Na boa newgociação, a chave é evitar conflitos entre diferentes tipos de atores, como um autoritário, controlador, facilitador, empreendedor ou visionário. A prioridade é criar estratégias para enquadrar o processo em um quadro colaborativo (ganha/ganha) em vez de um quadro competitivo (ganha/perde). Além disso, pensar sobre o que fazer e quem chamar se o quadro é, de fato, competitivo. Às vezes, simplesmente sabendo quando afastar-se de um quadro competitivo para esperar por um melhor quadro colaborativo é crucial. Aqui pensando, o capital social e o capital humano são benefícios para o processo. O funcionário público deve obter essa informação preliminar antes de se envolver no processo com base em sua preparação ou perguntar pessoalmente para obter essa informação antes de iniciar a newgociação.

A próxima etapa é construir um relacionamento entre os participantes para explorar as múltiplas abordagens, para transformar crenças, percepções, emoções e visões. É tudo um processo pedagógico de tomada de decisão conjunta, por meio de várias habilidades de vida, tais como escuta empática, comunicação, ética, paixão, reconciliação, interesses e visão entusiasmada, construindo um acordo. Correr para negociar pode ter graves, duradouras e desastrosas consequências, em comparação com o tempo para construir um relacionamento com base no respeito e confiança mútua. Nós discutiremos essas habilidades da vida ao longo do livro.

Finalmente, uma boa tomada de decisão é fundamentalmente importante para enquadrar e implementar o processo de newgociação. Cobrir a análise de decisão como um método que determina a melhor decisão, mesmo quando há conflito ou incerteza. Pedimos a um dos nossos colegas para contribuir no próximo capítulo sobre *"Os seis elementos da Qualidade da Decisão"*. Professor Abbas é um especialista bem respeitado na análise de decisão. Ele estuda a decisão como um reflexivo tópico complexo em ambientes individuais e organizacionais.

Nós notamos a importância e a alta correlação de cada elemento de boa tomada de decisão em nosso processo de newgociação.

VERIFICAÇÃO DE CONHECIMENTO:

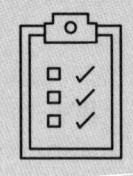

1. O negociador pode resolver todas as disputas.

    A É verdadeiro falar primeiro sobre o preço, para depois discutir as opções.

    B É verdadeiro que a newgociação é considerada o melhor método conhecido pela humanidade.

    C É verdadeiro que o negociador deve ser gentil e sempre útil.

    D Falso. Negociação não é uma *"bala de prata ou mágica"* não resolve todos os problemas, mas certamente fornece uma linguagem comum e estrutura para trabalhar duro para melhores resultados.

2. Um bom negociador é:

    A Alguém que está focado em um alvo e sabe como acertar.

    B Alguém que ouve e aprende com o outro para fazer uma decisão ética, racional e colaborativa.

    C Alguém que é capaz de manipular os outros.

    D Alguém que sempre tem a última palavra.

* As respostas detalhadas a todas as perguntas sobre "verificação do conhecimento" e mais podem ser encontradas em Apêndice A, em ordem de cada capítulo.

Os Seis Elementos da Qualidade da Decisão
por Ali E. Abbas, PhD

> *"Uma boa decisão é baseada no conhecimento e não nos números".*
> Platão

A análise de decisão é um método rigoroso, que determina a melhor alternativa de decisão, mesmo quando há incerteza sobre o resultado. As regras de tomada de decisão aplicam-se a uma única decisão, mas muitas decisões importantes precisam ser analisadas em um nível organizacional. Este capítulo explica os elementos básicos de uma decisão, juntamente com reflexões sobre os efeitos das estruturas de complexidade e incentivos na tomada de decisões.

SEIS ELEMENTOS DE UMA DECISÃO:

- O **PRIMEIRO ELEMENTO:** *Da qualidade da decisão é o tomador de decisão (e os participantes afetados pela decisão).*

- **O SEGUNDO ELEMENTO:** *Da qualidade da decisão é o quadro da decisão, que envolve identificar a decisão; identificar as diferentes perspectivas envolvidas e determinar os limites da decisão. Isso envolve identificar "O que é tomado como dado?", "O que precisa ser decidido agora?" e "O que será decidido mais tarde?"*

- **O TERCEIRO ELEMENTO:** *Da qualidade da decisão é a identificação adequada das alternativas viáveis. Sem um bom conjunto de alternativas, não há decisão a ser tomada.*

- **O QUARTO ELEMENTO:** *Da qualidade da decisão envolve a identificação das preferências de quem decide.*

- **O QUINTO ELEMENTO:** *É o gasto das empresas com muito tempo e dinheiro. Esse é o elemento da informação que captura as informações e incertezas sobre a decisão de maneira significativa.*

- **O SEXTO ELEMENTO:** *É a lógica ou o critério de escolha pelo qual a decisão é tomada.*

Os seis elementos de uma decisão. Se perguntássemos a uma pessoa aleatoriamente em qualquer empresa da Fortune 500 ou empresa do governo para avaliar a qualidade das pessoas com quem trabalham, muitos responderiam que trabalham com inteligência e indivíduos qualificados. Se lhes pedíssemos para avaliar a qualidade das decisões tomadas por suas organizações, eles responderiam que a qualidade é baixa. De onde vem essa discrepância?

Para começar, é importante notar que muitas pessoas não fizeram um curso sobre tomada de decisão, e muitos nem sequer ouviram dizer que esse é um assunto que é ensinado. Líderes organizacionais, muitas vezes, adquirem habilidades de tomada de decisão em sua área por causa de anos de prática em um campo particular, e, então, confiam na intuição para tomar decisões.

A noção é que a expertise que eles adquiriram (e o capital que eles construíram) é suficiente para provê-los com as habilidades necessárias para tomar uma boa decisão. Como está bem sabido, no entanto, a intuição nem sempre é suficiente para a decisão, particularmente quando há incerteza ou quando novas situações surgem.

Os seis elementos da qualidade da decisão (Howard & Abbas) fornecem um mecanismo para nos ajudar a pensar sobre os vários aspectos de uma decisão. Eles podem ser usados como uma lista de verificação e representados por uma corrente. A figura a seguir ilustra os seis elementos de uma decisão sob a forma de uma cadeia, onde a força da cadeia é apenas tão forte quanto o seu elo mais fraco. Mais adiante está uma descrição dos seis elementos e para mais informações, referimos o nosso leitor para Howard e Abbas (2015).

Não considerar todas as pessoas afetadas pela decisão pode resultar em várias disputas após a decisão ser tomada. Nós discutimos, neste livro, a importância das partes interessadas para o nosso quadro colaborativo e correto. Pense numa decisão envolvendo a existência continuada (ou remoção) de uma refinaria de petróleo, perigosa, no meio de uma cidade. A refinaria sempre esteve lá por gerações, mas a cidade agora se expandiu e as casas estão muito próximas. A decisão não deve vir de um governo local sozinho, mas, em vez disso, deve incluir os moradores perto da refinaria e o emprego de pessoas afetadas por elementos de uma boa decisão: a remoção da refinaria, as pessoas afetadas por uma possível mudança, o processo de óleo e muitos outros. Muitas vezes, na organização (ou no governo), é útil fazer uma pausa e perguntar: quem é o tomador de decisão? As pessoas tendem a se esquecer de perguntar qual a questão. Se omitirmos, um grupo de partes interessadas não deve ser surpreendido mais tarde se encontrarem resistência à decisão que tem sido feita.

QUADRO ÚTIL:

```
         ÚTIL
  ALTERNATIVAS     EM
   CRIATIVAS    FORMAÇÃO
         ELEMENTOS
         DE UMA
         BOA DECISÃO
   RACIOCÍNIO    LIMPAR
     SADIO       VALORES
      COMPROMETIMENTO
```

PRIMEIRO ELEMENTO: quando se trata de newgociações, é quase impossível alcançar um quadro adequado para negociar, quando um conjunto de partes interessadas foram omitidas. O primeiro elemento também envolve um compromisso do(s) tomador(es) de decisão a seguir. Depois de tudo, se não temos intenções de seguir adiante, então por que estamos analisando a decisão em primeiro lugar?

SEGUNDO ELEMENTO: Não identificar o quadro certo é comum e pode levar a decisões ruins, bem como newgociações fracassadas. Discutiremos o *"quadro"* em termos de competição ou colaboração ao longo deste livro.

Considere, por exemplo, uma decisão em várias etapas sobre uma pessoa que está pensando em sair do trabalho e voltar para a escola. A decisão que ela pode colocar é: eu já fui admitida por várias pós-graduações, para qual escola eu devo ir depois de deixar o trabalho?

Muitas vezes, essa pergunta é feita, e isso implica que ela "tomou como dado" que ela está saindo do trabalho. Há, claro, muitas outras alternativas, tais como tomar aulas à noite ou se matricular em uma linha de programa de graduação, mantendo seu trabalho atual. Se ela realmente tomou a decisão de deixar o emprego e ir para a pós-graduação, então a decisão sobre qual escola e aceitar a oferta se torna apropriada.

Essa decisão pode incluir muitos fatores, como a localização, a reputação da escola, taxa de matrícula, taxas de colocação e a qualidade da instrução. Esses são os fatores para ajudar a decisão atual: o que devo decidir agora? Então há decisões para decidir mais tarde? Por exemplo, onde vou morar quando for para a pós-graduação? Vou andar de bicicleta, pegar transporte ou comprar um carro? Uma decisão será tomada mais tarde se suas alternativas não afetarem as decisões tomadas agora.

Em configurações organizacionais, as pessoas geralmente recebem limites em suas decisões ou requisitos que são solicitados a encontrar. Por exemplo, um gerente de projeto pode ter que decidir se deve fazer pequenas melhorias a um produto existente ou fazer grandes mudanças. Essa decisão já leva em consideração que a empresa deve continuar a fabricar esse produto. Um bom quadro desafiaria os limites para garantir que eles são definidos corretamente ou atualizados quando novas informações chegam.

Da mesma forma, se um engenheiro de design receber um conjunto de requisitos, como projetar um motor que não exceda um certo peso, o engenheiro deve verificar para ver se excederá o peso à custa de um motor muito melhor ou se o menor custo poderá ser adequado para a empresa.

TERCEIRO ELEMENTO: Se você tiver apenas uma alternativa, então você deve apenas fazê-lo. Muito frequentemente, há muitas alternativas presentes. A alternativa que resulta da análise é, muitas vezes, uma das alternativas consideradas (ou um híbrido de alternativas consideradas). Se você não selecionou um conjunto apropriado de alternativas para analisar, então você está perdendo em valor desde o início, independentemente da análise que seguirá.

QUARTO ELEMENTO: Envolve identificar interesses, valores e trade-offs apropriados entre os diferentes objetivos. Esse elemento também é essencial nas newgociações. Em seus paradigmas de newgociação, Yann e Frank falam sobre interesses, opções e alternativas.

QUINTO ELEMENTO: A análise de decisão fornece um método para quantificar informações e determinar a viabilidade econômica de reunir mais informações. Muitas organizações tentam continuar a coleta de informações para minimizar toda a incerteza, mas, na verdade, reunir muita informação (como as empresas costumam fazer) não é a coisa mais prudente a se fazer.

SEXTO ELEMENTO: Finalmente, o sexto elemento da qualidade da decisão é aquele que é, muitas vezes, subestimado em organizações e resulta em pobres tomadas de decisão, apesar dos esforços realizados com cada um dos elementos anteriores. Esse sexto elemento é a lógica ou a escolha de critério pelo qual a decisão é tomada. A norma do racional na tomada de decisão implica que o critério de escolha é escolher a alternativa com a maior utilidade esperada (von Neumann & Morgenstern).

OPORTUNIDADES E DESAFIOS PARA A TOMADA DE DECISÕES NAS ORGANIZAÇÕES

A implementação da análise de decisão em uma organização requer uma mudança na cultura que recompense os indivíduos, com base na qualidade da decisão em vez do resultado. Pensando em termos desse método, pode ajudar a resolver muitos problemas que enfrentamos nas organizações hoje. A tomada de decisão nas organizações envolve múltiplos indivíduos, com diferentes crenças, objetivos, incentivos e preferências. Dentro dessa estrutura, é importante incorporar várias peças de qualidade de decisão, de vários indivíduos.

Recursos humanos, por exemplo, podem ser melhores posicionados para prever os salários de futuros contratados; departamentos podem prever melhor a demanda por um produto; departamentos de engenharia podem ser mais adequados para prever sucesso técnico. Estruturas de incentivo também influenciam as decisões tomadas a nível organizacional. Incentivos estão presentes para descentralizar o processo de tomada de decisão e fornecer um mecanismo para desempenho. No entanto, eles geralmente têm consequências não intencionais se não forem definidos adequadamente.

Suponha que um gerente enfrente dois projetos que incluem a realização de *pequenas atualizações* para um produto existente, ou um novo projeto inovador com *grandes atualizações*. O projeto atualizado pode ter um valor esperado mais alto, mas pode também ter uma maior probabilidade de perdas. Um gerente que é penalizado por perdas (independentemente da qualidade da decisão), pode selecionar a alternativa *mais segura* de *pequenas atualizações*, mesmo que forneça menos valor para a organização a longo prazo.

Às vezes, vários departamentos podem ter diferentes incentivos e objetivos. Um departamento de engenharia, por exemplo, pode querer ter menos recalls de produtos e, portanto, visa atrasar a introdução de um produto no mercado. Um marketing de departamento, por outro lado, pode querer ganhar quota de mercado e, por isso, pode empurrar para introduzir o produto para o mercado de forma rápida para ganhar participação de mercado e cumprir seus incentivos. Equilibrando esses vários objetivos, o êxito é alcançado por meio da identificação de objetivos de alto nível da organização e quantificação das incertezas. Por exemplo, se o objetivo é maximizar o lucro, então a organização deve determinar a utilidade esperada de maximizar o lucro para cada alternativa.

A tomada de decisão organizacional é frequentemente complicada devido à presença de vários tipos de vieses resultantes de: (1) vieses cognitivos e (2) vieses motivacionais, devido a objetivos e incentivos. Os vieses cognitivos resultam de preconceitos psicológicos da natureza do ser humano. Por exemplo, a ancoragem é um desses vieses cognitivos, onde os indivíduos usam para dar mais peso aos itens que estão na memória saliente. Preconceitos motivacionais (como o nome implica) resultam de motivações diferentes, como diferentes preferências e estruturas de incentivos.

Um bom analista de decisão observa a presença de vieses cognitivos e motivacionais e fornece facilitação para garantir que as preferências das partes interessadas sejam representadas. Muitas codificações de probabilidade técnica levam em consideração vieses cognitivos e tentam minimizar seus efeitos durante a elucidação de crenças. Não usar a lógica correta também é muito comum em tomada de decisão organizacional. Muitas empresas pensam sobre os elementos de qualidade de decisão e gastam muito tempo e esforço na coleta de dados e informações, mas, em seguida, fazem escolhas arbitrárias e usam desses critérios para tomar uma decisão. O cerne da tomada de decisão está na ideia de que a qualidade de uma decisão não depende do resultado obtido, mas sim da qualidade da análise e do pensamento.

A maioria dos métodos arbitrários de tomada de decisão é motivada por três fatores: simplicidade, aversão ao uso de probabilidade para descrever a incerteza e relutância em atribuir preferências explícitas e trade-offs na decisão dos problemas. Simplicidade não é desculpa para usar uma decisão errada, sem critério. Não incorporar a incerteza pode resultar em uma decisão errada. A relutância em afirmar preferências e depois usar um critério de escolha arbitrária resulta não apenas em má decisão, mas também em preferências absurdas e trade-offs.

O papel do analista de decisão não é usar um método arbitrário para simplificar, mas sim ajudar os tomadores de decisão a incorporarem os elementos de qualidade da decisão de forma significativa e a observarem as complexidades organizacionais que precisam ser resolvidas para fornecer uma cultura de decisão empresarial saudável. Foi escrito uma vez, em OR/MS Today: "É útil pensar em tomada de decisão como uma calculadora. As entradas para a calculadora são os elementos de qualidade de decisão: as alternativas, preferências, incertezas, informações, prós e contras e a visão geral, a perspectiva de quem decide. A calculadora, em si, é a lógica que determina a melhor decisão dadas as entradas que você fornecer". Em última análise, as pessoas, e não os dados, tomam decisões.

VERIFICAÇÃO DE CONHECIMENTO:

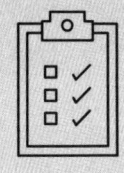

1. O elemento de opção:

    A É sobre a invenção de possibilidades, que correspondem a cada interesse discutido

    B Significa que você tem uma alternativa se não fechar uma transação.

    C Significa preço e nada mais.

    D É desagradável e cheio de tensão.

2. Conformidade é:

    A Sobre diligência devida para verificar se todas as informações são precisas.

    B Sobre respeitar a autoridade do negociador mais poderoso.

    C Sobre a margem de negociação dentro dos limites da lei.

    D Sobre ser legal.

3. O elemento de contexto é sobre:

    A Analisar o histórico econômico, social, político, geográfico e aspectos do negócio.

    B Encontrar uma desculpa para facilitar ou atrasar o negócio.

    C Mostrar seu histórico familiar.

    D Fazer um diagnóstico da saúde mental do seu oponente.

4. O elemento de comunicação/cognição é instrumental em:

    A Fazer o outro sentir que você é mais esperto.

    B Revelar as fraquezas do outro.

    C Reduzir a lacuna de percepção entre diferentes negociadores.

    D Aumentar o poder de persuasão.

* As respostas detalhadas a todas as perguntas sobre "verificação do conhecimento" e mais podem ser encontradas em Apêndice A, em ordem de cada capítulo.

A Técnica 4-10-10 de Newgociação

"Se eu tivesse oito horas para derrubar uma árvore, gastaria seis afiando meu machado".

Abraham Lincoln

ETAPAS DA TÉCNICA 4-10-10

Primeira Etapa: preparação

Uma boa preparação leva em conta um processo bem projetado, uma análise meticulosa das partes interessadas e boa tomada de decisão.

Segunda Etapa: a criação de valor

É a definição do "porquê" da newgociação, identificando interesses, opções e, possivelmente, alternativas às opções. Esse é o momento de ser criativo, inovador e descritivo.

Terceira Etapa: *distribuição de valor*

Este é o momento de expor e justificar nossa decisão ou preço com objetivo, padrões e com base em evidências que obtivemos durante nossa preparação.

Quarta Etapa: *fechamento*

A implementação é tudo. Se o acordo negociado não pode ser implementado, não há muito valor que possa vir até mesmo das melhores newgociações.

Estamos todos familiarizados com o velho ditado "a preparação é tudo" ou o clichê esportivo de que em time que está ganhando não se mexe. Negociações são ganhas ou perdidas antes de quaisquer reuniões substantivas entre negociadores. A preparação e a qualidade dessa preparação é fundamental. Uma boa preparação leva em conta um processo bem concebido, uma análise meticulosa das partes interessadas e uma boa decisão.

Uma análise de partes interessadas é uma estrutura que nos ajuda a entender o comportamento, intenções, inter-relações e interesses das partes interessadas na newgociação. A análise também ajuda a avaliar e a influenciar os recursos das partes interessadas na tomada de decisão ou nos processos de implementação. Uma boa quantidade de newgociações ou projetos falham, porque erram ou identificam erroneamente uma parte interessada. Por exemplo, ignorar os moradores de uma comunidade costeira pode ser um erro fatal nas newgociações de perfuração no mar. Ignorar os equestres em uma comunidade equestre ao tentar construir um campo de golfe pode ser o desaparecimento do projeto.

Boa preparação com o uso da escuta e escolha de dados relevantes também adia o momento de ancorar o evento na negociação. A maioria dos negociadores falha muito cedo por falta de preparação e ancoragem do momento crítico, principalmente ao preço do projeto ou contrato. Uma vez que o preço é exposto, a zona de possível acordo (ZOPA) torna-se um preço contra o outro ou nenhum negócio. Esse é realmente o terceiro passo do nosso processo de 4 etapas. *Ignorar os passos 1 e 2 pode ser fatal para qualquer negociação.* Tudo o mais para conseguir o ganha/ganha é secundário ou muito mais difícil de discutir e, o mais importante, muito mais difícil de conseguir. Ao alcançar a ZOPA prematuramente, se ignoram dois passos críticos da nossa técnica de newgociação, preparação e criação de valor.

A criação de valor é a definição do *"porquê"* para a newgociação, identificando interesses, opções e, possivelmente, alternativas às opções. Esse é o momento de ser criativo, inovador e descritivo. Não é de surpreender que os empresários e os visionários amam esse passo. Quanto mais criativo, mais opções são criadas; e quanto mais opções são criadas, mais possibilidades para um acordo. É aqui que ocorre a escuta empática dos assuntos. É aqui que toda parte interessada conta. Quanto mais nós explorarmos "e se", mais propomos soluções para os problemas. A etapa de criação de valor é justamente para abordar ou suspender críticas e inventar opções e alternativas para resolver problemas. Em um contexto organizacional, por exemplo, opções para melhorar a produtividade, a qualidade do produto, o clima organizacional ou a cultura são a chave para o sucesso.

Esse é o passo para construir confiança no debate, perguntando e ouvindo. Esse é o momento para construir um sonho ou oportunidade conjunta. Criação de valor é tudo sobre como chegar ao "Sim." H. Raiffa, em seu livro *A Arte e a Ciência da Negociação*, enfatiza a importância de se construir confiança, propósito comum e crença. A maioria dos negociadores nem sequer concorda com a hipótese sem esse passo e muito menos concorda com a solução da equação. A chave é expandir o foco na criação de coerência entre o cérebro límbico e o neocórtex.

A chave é expandir o foco na criação de coerência entre o cérebro límbico e o neocórtex, essa é a única forma de se alcançar o resultado desejável, chegando ao "sim" com grande velocidade e valor.

Um pequeno número de newgociações é distributivo. Uma newgociação sobre um trator, por exemplo, pode envolver a única questão de preço. Esse realmente não é nosso foco aqui. Muito mais comumente no setor público, no entanto, envolvem vários problemas. Essas são conhecidas newgociações integrativas, ou geradoras de valor, porque elas permitem que as partes negociadoras integrem várias fontes de valor por meio de trocas criativas.

Oferecemos como estudo de caso nossa newgociação acerca de um incêndio na estação de uma cidade da Califórnia. Enquanto nós propusemos uma parceria público-privado, com o uso de uma metodologia chamada *sale-leaseback*, nossa criatividade e criação de valor não pararam por aí. A metodologia ajudou a cidade a financiar um novo quartel de bombeiros com fundos privados, por meio de títulos. Também mudou o risco de construção e entrega para o setor privado. Mas, mais importante, permitiu à cidade tomar posse de um posto de bombeiros com tudo incluído, operações, caminhões de bombeiros e motores como parte do acordo.

Essa criatividade trouxe um setor público eficiente e eficaz na newgociação privada com base em interesses e valores para atender àqueles interesses. A cidade conseguiu se concentrar na boa governança e administração pública, enquanto o setor privado, utilizando seu prédio e os pontos fortes da aquisição, forneceram um posto de bombeiros de última geração. Nós chamamos isso, metaforicamente, de newgociação sobre toda a "torta", ao contrário da fatia da "torta", uma discussão holística sobre vários interesses para maximizar o potencial de newgociação. É por isso que nós alegamos que o nosso processo, em nossa técnica, aprimora o valor público, inventando e melhorando a probabilidade de um acordo melhor.

Nas newgociações do posto de bombeiros, nós nos perguntamos como podemos aproveitar ao máximo as newgociações integrativas, criando tanto valor possível para depois distribuir entre os setores privado e público? A literatura de negociação sobre diretrizes para criar valor rastreia nossa experiência prática nesse estudo de caso. Geralmente, quando os negociadores encontram diferenças com negociadores, como fizemos nesse estudo de caso, eles tendem a ver isso como um obstáculo. De fato, as diferenças são mais frequentes e estão descritas no livro *Oportunidades para criar valor na negociação,* do professor da Escola de Negócios em Harvard, Max H. Bazerman e também no livro *Julgamento em Tomada de Decisão Gerencial,* do professor de Berkeley, Don A. Moore, da Universidade da Califórnia.

Negociadores frequentemente ficam presos porque permanecem focados em um aspecto do negócio ou transação. Nós quebramos esse impasse fazendo muitas perguntas para identificar todos os interesses no caso do corpo de bombeiros. Nós não teríamos sido capazes de estruturar o negócio se o fizéssemos, por exemplo, no caso em que a cidade tivesse receitas fiscais específicas para quinze anos. Esse conhecimento nos ajudou a estruturar o prazo do arrendamento, tornando a propriedade do quartel de bombeiros pela cidade uma realidade ao final do prazo. Se não tivéssemos perguntado qual era o ideal para um incêndio, qual estação, não teríamos conhecido sobre a necessidade de adquirir carros de bombeiros e motores como parte do acordo.

Negociadores acreditam que organização metódica é a chave para resolver um problema de cada vez. Isso pode ser verdade em alguns casos, contudo, nas newgociações integrativas, especialmente no setor público, melhor abordagem é discutir várias questões explicando claramente que a liquidação ocorre apenas quando tudo é discutido e acordado. De fato, negociar uma questão de cada vez impede capitalizar diferenças com as newgociações entre os problemas. Metaforicamente, assar toda a "torta" ou aumentar o tamanho da "torta". Discutir ou negociar sobre a fatia da "torta" só produzirá a fatia. Newgociações integrativas não exigem sacrifícios em nome de cooperação, pelo contrário, elas permitem que os negociadores, mais do que eles querem, identifiquem o que cada parte valoriza. Como descrevemos, uma "torta maior" ou "ampliar o tamanho da torta", onde todas as partes se beneficiam do processo de criação de valor.

Mas uma vez que, metaforicamente, a "torta" é ampliada, há mais valor a ser reivindicado por todos. O nosso projeto de estação de bombeiros fez sentido, uma vez que identificou todos os interesses para todas as partes interessadas (incluindo o tempo de negócio e o equipamento). Uma vez que os interesses foram identificados e alinhados com opções e soluções elegantes, estávamos preparados para distribuir valores.

Nosso terceiro passo em nossa técnica de 4 etapas é a distribuição de valores. É quando descrevemos ou justificamos o momento crítico para a newgociação ou o preço. Tendo explorado todos os interesses e inventado todas as opções possíveis sem compromisso, essa é a hora de expor e justificar nossa decisão ou preço com padrões objetivos e com base em evidências que obtivemos durante nossa preparação.

O momento da distribuição de valor ocorre quando transformamos as opções de cada interesse em concessões recíprocas, ou seja, a vez em que dividimos as ações ou dividimos a "torta". A oportunidade criada por esse passo, antes de se chegar à ZOPA, não pode ser subestimada. Essa etapa também é comumente conhecida como compromisso. Quando a distribuição do valor terminar, o quarto e último passo é todo sobre o acompanhamento ou implementação do acordo como deve ser negociado. Esse passo é também sobre a conformidade com a lei e com um futuro sustentável.

Dada a complexidade e a importância dos primeiros terceiros passos na nossa técnica que discutimos anteriormente, o quarto passo terá rendimentos com bons resultados, como a qualidade do primeiro ao terceiro. Por último, mas não menos importante, tanto quanto a preparação é a chave para qualquer boa newgociação, implementação é tudo. Se o acordo negociado não puder ser implementado, o valor pode vir até mesmo das melhores newgociações.

Em seguida, na nossa técnica 4–10–10, nós levamos nossos 4 passos até os 10 elementos que identificamos com a nossa pesquisa e prática de todos os tipos de newgociações. Esses 10 elementos desempenham um papel substancial ao resultado da newgociação. Como a análise das partes interessadas, discutir cada elemento relevante em detalhes durante todas as 4 etapas é fundamental para o sucesso da técnica.

10 ELEMENTOS DA TÉCNICA 4-10-10

- O **PRIMEIRO ELEMENTO: "CONTEXTO"** — *impacta o ambiente no qual a negociação acontece.*

- O **SEGUNDO ELEMENTO: "INTERESSES"** — *é definir o "porquê" ou o propósito de nossa negociação. Por que estamos aqui?*

- O **TERCEIRO ELEMENTO: "OPÇÕES"** — *sobre imaginação, criatividade e inovação.*

- O **QUARTO ELEMENTO: "PODER"** — *é, potencialmente, mais destrutivo do que construtivo ou produtivo.*

- O **QUINTO ELEMENTO: "COGNIÇÃO"** — *é comunicação falada, não falada e escrita; continua a ser um elemento muito importante do nosso paradigma de newgociação.*

- O **SEXTO ELEMENTO: "RELACIONAMENTO"** — *isso inclui pessoas na mesa de newgociação, bem como pessoas que podem afetar o resultado da negociação.*

- **O SÉTIMO ELEMENTO: "CONCESSÃO"** — *a abordagem mais comum nas newgociações convencionais é a negociação posicional, também é conhecida como o bom e velho "pechinchar".*

- **O OITAVO ELEMENTO: "CONFORMIDADE AO ESTADO DE DIREITO"** — *o maior facilitador ou constrangedor das newgociações é o estado de direito. O uso da lei nas negociações é de natureza muito mais estratégica.*

- **O NONO ELEMENTO: "CRITÉRIOS"** — *ou padrão de mercado. É, tipicamente, a voz do mercado ou das pessoas por meio de pesquisas e estatísticas.*

- **O DÉCIMO ELEMENTO: "TEMPO"** — *nosso último, mas certamente não menos importante, elemento do nosso paradigma de newgociação é o tempo.*

O tempo é conhecido por ser uma das principais fontes de conflito, de acordo com muitos estudos.

CONTEXTO

O primeiro elemento — contexto — impacta o ambiente no qual a newgociação ocorre. Por exemplo, no contexto demográfico, o poder de barganha de uma faixa etária pode ser mais forte que o de outra. Em um município envelhecido, a defesa de um centro comunitário sênior pode ser mais bem-sucedida do que um parque infantil com um balanço no parque. Por outro lado, em um município cheio de famílias jovens, o parque será mais útil. No nível pessoal ou organizacional, o negociador, a história, formação educacional, amigos, clientes, parceiros, status socioeconômico, cultura, valores e crenças religiosas fornecem contextos para impactar os relacionamentos do primeiro contato até o final das newgociações.

A análise de contexto na newgociação ocorre durante o primeiro, e talvez o mais importante, passo, que é a preparação. Isto é, o tempo para reunir informações e dados para criar valor e dizer uma história ou o "porquê" da newgociação que aborda as necessidades desse contexto particular, definir o contexto também quando determina o formulário ou o canal para negociar. Identificaremos, nos próximos parágrafos, relevantes canais de newgociações diretas, por meio de um agente, facilitador, mediador, leilões, diálogo com várias partes interessadas e newgociações informais paralelas.

Newgociações diretas são apropriadas entre amigos ou organizações com relações existentes. O capital social, já no lugar entre dois amigos, é tudo o que pode ser necessário para, pelo menos, começar. A newgociação por meio de um agente, como um agente imobiliário, advogado ou sindicato, facilita relacionamentos, ou talvez relacionamentos com necessidade de conhecimento técnico, como a lei. Em outras palavras, uma relação funcional entre atores vinculados por uma estrutura social pode ser usada para produzir um resultado não econômico.

No contexto de uma disputa ambiental, dois concorrentes das organizações podem solicitar um facilitador neutro para newgociações. Facilitadores como as Nações Unidas, Banco Mundial ou ONGs como os Médicos Sem Fronteiras, Cruz Vermelha, são úteis em newgociações, políticas públicas e administração. O capital social e humano os ajuda a conceber e a implementar recursos administrativos entre países ou organizações internacionais.

Newgociação por meio de um mediador neutro é resolver disputas legais. Todo um campo de resolução alternativa de litígios é feito, tornando-se uma preciosa ferramenta para oficiais de bancada, juízes e advogados mediarem disputas. Em um contexto onde não há muito para negociar, mas preço, como uma mercadoria ou contratos públicos, os leilões fornecem a melhor forma ou canal para newgociação. Os leilões eletrônicos, como eBay, E-Trade ou Bloomberg, ajudam a oferta e a demanda de maneira eficiente e produtiva. Enquanto nosso modelo de newgociação pode ser usado para melhorar as relações entre fornecedores e clientes na compra e venda de produtos, os leilões para concluir a transação permanecem como os mais eficientes canais, e não são os que estamos abordando neste livro. Ainda outra forma ou canal de newgociação é o multidiálogo com as partes interessadas num contexto colaborativo.

Argumentamos que os três setores estão mais predispostos a colaborar do que nunca, devido a várias configurações contextuais, como as novas mídias, a internet e a globalização. Nicolas Berggruen, em seu livro *Intelligent Governance for the 21st Century*, sugere que em um mundo genuinamente multipolar, não há um único poder que domina a barganha. Ele argumenta, ainda, que um novo sistema de *governança inteligente* é necessário para enfrentar esses novos desafios. A crise dos mísseis norte-coreanos de 2017 ilustra as dificuldades desse contexto e a importância das relações multilaterais e discussões com várias partes interessadas. Durante sua última visita aos Estados Unidos, o presidente francês Emmanuel Macron enfaticamente defendeu o multilateralismo para a maioria dos desafios enfrentados no mundo hoje.

O diálogo das multipartes interessadas fornece a plataforma para a troca de ideias, para harmonizar crenças, interesses e convicções, para alcançar um estado colaborativo com resultado. Isso é mais útil no enquadramento. Por último, mas não menos importante, newgociações informais paralelas podem ser úteis no setor público, potencialmente com mais newgociações. Se não fosse por essa abordagem direta, mas paralela, através de canais informais o presidente Kennedy através de um dos seus representantes, do Secretário Geral Khrushchev, a história nos diz que pode não ter havido uma aversão do míssil cubano. Como sabemos, a crise terminou com a Rússia concordando em remover os mísseis de Cuba. Em troca, os Estados Unidos concordaram em remover os mísseis Júpiter da Turquia e da Itália e prometeram não invadir Cuba.

INTERESSE

Nosso segundo elemento — interesse — é sobre a definição do "porquê" ou o propósito de nossa negociação. Por que estamos aqui? No nosso paradigma da newgociação, a resposta geral é sempre maximizar o valor da nossa cooperação e criar uma política sustentável a longo prazo na relação. Em outras palavras, definir a abordagem ganha/ganha começa aqui mesmo.

O interesse de um sentido técnico é definido em nossas etapas de preparação e criação de valor. O interesse é nossa missão, nossa visão, metas e o objetivo que queremos alcançar por meio desse processo. Se os juros fossem apenas sobre o preço, seria unicamente dimensional, uma definição unilateral de propósito levando a uma curta vitória/derrota no quadro ou, na melhor das hipóteses, um compromisso entre o preço contemplado A e o preço B. Queremos mais em uma newgociação multilateral e integral.

De fato, como líderes públicos no século XXI, não podemos nos permitir menos. Nossos eleitorados estão exigindo custos mais efetivos, eficientes e colaborações prudentes, bem-sucedidas e sustentáveis.

Nosso paradigma de newgociação atende a essas necessidades. Aviso, para isso, o elemento que dissemos "interesse" e não "posição". O interesse define o problema e motiva as pessoas a encontrarem soluções para o problema. O interesse é definido como "algo que envolve, desenha a atenção ou desperta a curiosidade de uma pessoa".

Todo interesse tem várias soluções potenciais que poderiam satisfazê-lo. Por trás das posições opostas, estão compartilhados compatíveis interesses. Cada lado tem múltiplos interesses, mas ele também tem necessidades humanas consistentes com suas características pessoais, como nós discutimos anteriormente.

Um bom negociador reconhece o interesse do outro lado e ataca o problema sem culpá-lo. Separar as pessoas do problema permite que as partes abordem os problemas sem danificar seu relacionamento. Isso também as ajuda a ter uma visão mais clara do problema, substantivo que pode precisar de uma boa solução satisfatória para ambas.

As emoções são uma segunda fonte de problemas de pessoas. Newgociação pode ser um processo frustrante. As pessoas costumam reagir com medo ou raiva quando sentem que seus interesses estão ameaçados. Nossos negociadores são bons e empáticos ouvintes, que dão ao alto-falante toda a sua atenção, ocasionalmente com respeito e precisão, resumindo os pontos do palestrante para confirmar sua compreensão.

Geralmente, o princípio do negociador usa questões, estratégias e silêncios para atrair a outra parte para descobrir mais. Nas discussões, esperamos ansiosamente pela solução desejada, em vez de nos concentrarmos nos eventos. Às vezes, as soluções são simples, mas não são prontamente aparentes. Apenas um bom ouvinte pode captar as nuances de vários interesses e satisfazê-los. Ao ilustrar esse aspecto da newgociação, nós tipicamente fornecemos aos nossos alunos o seguinte estudo de caso hipotético, dilema e solução proposta:

Daniel tem sido um dedicado trabalhador, honesto, funcionário produtivo da cidade há mais de 15 anos. Seus filhos nasceram logo antes de ele se juntar à cidade. Ele agora pediu à Nicole, gerente da prefeitura, um aumento de 5%. A cidade foi duramente atingida pela recente recessão, com a perda de empregos, declínio das receitas fiscais, mandatos adicionais não financiados e perda de leis de redes e desenvolvimento.

Enquanto a economia está se recuperando lentamente, o conselho da cidade pediu ao prefeito para permanecer vigilante e frugal. Em seguida, pedimos aos nossos alunos que abordem a negociação e o dilema em um exercício de dramatização. Nós vemos resultados variados durante esse exercício. Um resultado é simplesmente recusar o pedido de Daniel por boa, mas infeliz, razão fiscal. No entanto, esse resultado produz um desapontamento e uma desmotivação, por 15 anos leais dedicados ao emprego. Outro resultado é negociar um aumento mais modesto. Daniel fica um pouco feliz, mas ainda está ferido por sua lealdade e trabalho duro e valor substancialmente inferior a 5%. E, ainda, outro, depois de um pouco de discussão sobre vários interesses, não produz nenhum aumento, mas Daniel e Nicole afirmam estar muito felizes com o resultado. O proverbial ganha/ganha.

Enquanto o terceiro cenário parece intrigante, nós, como observadores, nunca nos surpreendemos. O terceiro grupo geralmente inicia a newgociação discutindo o bom serviço de Daniel à cidade, sua dedicação e tempo gasto no trabalho. As realidades fiscais da cidade, apesar do bom trabalho de todos, e as bênçãos a longo prazo no emprego e a camaradagem são forjados no processo.

A discussão ocorre sobre sua família e as necessidades de sua família. O grupo normalmente relata que Daniel desejou que ele gastasse mais tempo com seus filhos, que estão crescendo e logo estarão prontos para irem para a faculdade. Com essa discussão, a gerente da cidade é capaz de formar uma solução vantajosa para o dilema.

Um negociador e um ouvinte empático, Nicole oferece a Daniel um horário semanal flexível, permitindo que ele tivesse todas as outras sextas-feiras para estar com sua família. Nenhum aumento ou diminuição no pagamento. Daniel está feliz por poder passar mais tempo com sua família. Nicole está feliz e, assim, o conselho da cidade não terá que pagar mais dinheiro. Nicole permanece a gerente urbana favorita de Daniel e permanece dedicada ao serviço público na cidade.

Em nosso mundo de newgociação, as partes mantêm um foco claro em seus interesses, mas permanecem abertas a diferentes propostas e soluções. Os interesses são críticos para a discussão de opções, mas o julgamento prematuro dificulta a imaginação, a criatividade, a inovação e a busca de pensar fora da caixa para encontrar soluções. Em nosso estudo de caso, a capacidade de Nicole de apontar o problema por meio da empatia (ou seja, precisando de tempo para passar com as crianças) resolve o dilema com um funcionário de longo prazo satisfeito.

A newgociação realiza interesses de equilíbrio quando é predisposta a buscar o *"porquê"* ou *"por que este projeto?"* Dizem os alunos ao seu mestre de desenvolvimento imobiliário, que agraciam com a sua presença como desenvolvedores em nossos municípios, e que simplesmente não é suficiente para servir todos os interesses, incluindo os dos constituintes.

No entanto, burocratizar nossos municípios não está em nosso interesse também. É aqui que precisamos de uma colaboração e abordagem, em oposição a uma abordagem contraditória. É onde, por meio do mesmo exercício de boas habilidades de escuta, nós apresentamos soluções imaginativas, criativas e inovadoras para lidar com todos os nossos interesses, incluindo criar ou manter parques, abrir espaços, drenos de tempestade, tráfego, preocupações com a mudança climática e, claro, o interesse de lucro monetário do desenvolvedor. Lucros, nesse contexto, não são medidos apenas por dólares e centavos ou por setores, mas por benefícios para todos os participantes do projeto, incluindo o município. Profissionais do setor público, como os negociadores, se concentram fundamentalmente sobre esses benefícios para melhor atender aos seus eleitorados.

A transição do passo de preparação para a criação de valor é um interessante processo de debate. A discussão sobre interesse na definição de missão, visão e objetivos se transforma em uma discussão sobre missão conjunta, visão conjunta e metas conjuntas. O desenvolvimento de uma definição de propósito comum, busca de ganhos e inventar maneiras de tomar decisões fáceis são conducentes para criar valor e, finalmente, distribuição de valor em nosso sistema de newgociação. Uma boa análise das partes interessadas e preparação geral facilita esse processo.

Tudo isso dito, seria ingênuo pensar e abordar qualquer newgociação sem um plano "B". Lembre-se de que é tudo sobre o quadro, armação. William Ury, Roger Fisher e Bruce Patton chamam isso de melhor alternativa para um acordo negociado ou **BATNA**. Ela dá o poder de nos afastarmos se não formos capazes de alcançar ganhos mútuos em qualquer fase da newgociação. Quanto melhor a **BATNA**, mais forte nossa capacidade de negociar. No entanto, no nosso paradigma de newgociação, defendemos o seu uso como uma ferramenta para colaborar e fortalecer o acordo, em vez de uma ferramenta para apoiar indo embora.

Para ilustrar nosso ponto, oferecemos as seguintes hipóteses, cenário entre dois gigantes do setor de tecnologia, Intel e Hewlett Packard (HP). Vamos considerar que a HP oferece para comprar 1 milhão de processadores Intel. A Intel oferece o preço de US$100 por fonte processadora, por um preço total de contrato de US$100 milhões de dólares. Se a HP estava disposta a pagar US$80 milhões de dólares, sabemos que a ZOPA é avaliada em US$20 milhões de dólares.

Esperamos que essas duas empresas sofisticadas da Fortune 100 devam sempre chegar à mesa de newgociação com uma **BATNA**. Nós faríamos, imaginando para essa transação, a IBM (outra fabricante de computadores) no caso da Intel, e talvez ARM (outro fabricante de processadores) no caso da HP. Esses **BATNAS** dão a cada organização oportunidades de ir embora em caso de nenhum acordo sobre a ZOPA. Sob o nosso paradigma de newgociação, no entanto, esperamos Intel e HP se envolverem para discutirem seus respectivos interesses, não apenas como fornecedor (Intel) e comprador (HP), mas também como dois gigantes da tecnologia, com enormes potenciais para desenvolver opções viáveis e sustentáveis para trabalhar uns com os outros para aumentar o "tamanho da pizza".

Alguns desses interesses incluem compra e venda de seus respectivos produtos, publicidade conjunta, pesquisa e colaborações de desenvolvimento, gerenciamento de fluxo de caixa em vendas e marca conjunta. O adesivo que vemos em muitos PCs hoje, com a afirmação "Intel inside", é, de fato, um produto de interesse de newgociações baseadas. A marca de seu produto era uma meta substancial da Intel, para a qual estava disposta a forjar um relacionamento de longo prazo com a HP e vender processadores por um preço melhor.

Mais importante, ambas as organizações, com o benefício de relacionamento para esse dia, têm aumentando o tamanho de suas transações ou o tamanho da *"pizza"*. Esses interesses criam valor além da ZOPA de US$20 milhões. Esses interesses criam para os negociadores oportunidades incríveis de melhorar a capacidade do negócio. Nós vislumbramos o mesmo resultado, por exemplo, em habilitar um condomínio com 64 unidades em um município local. Primeiro a **BATNA**, há sempre outro desenvolvedor. No entanto, se o direito é apenas sobre as taxas de desenvolvimento e terra estabelecida para usar, como 40 unidades por hectare, por exemplo, chegar à ZOPA é rápido e há um acordo ou não.

Em nosso paradigma de newgociação, isso não é apenas um complexo de condomínio da unidade. Isso é sobre o embelezamento e desenvolvimento econômico, habitação e avanço da comunidade. Isso é talvez ir nos bastidores de utilidades, consertar os esgotos e criar energias renováveis, como a energia solar, bônus de densidade para acessibilidade e um parque em ou perto do local. Em outras palavras, *"por que esse projeto?"* Monsanto, Johnson & Johnson ou Praxair/White Martins, Katerra Construção ou prefeitos e membros do conselho em nosso Fórum de Líderes da Universidade do Sul da Califórnia ensinam como adiar o momento de fazer a ancoragem do preço (apenas na etapa de distribuição de valor), discutindo interesses e criando opções para melhorar a probabilidade de fechar um negócio melhor.

OPÇÕES

Como terceiro elemento no nosso sistema 4–10–10, opções são criadas em nossas etapas de newgociação (preparação) e passo dois (criação de valor). Opções são sobre imaginação, criatividade e inovação. Encontrar opções elegantes para os interesses que criamos na etapa anterior da nossa newgociação. O processo é o que torna a newgociação agradável. Não há tensão ou atrito aqui, apenas a oportunidade de resolver problemas com o uso da criatividade.

Esse elemento é sobre construir um relacionamento personalizado, personalização e correspondência de interesses com opções de soluções. É sobre "ampliar o tamanho da torta", antes dividindo a "torta" em nossa próxima etapa de valor de newgociação e distribuição. Uma palavra de cautela aqui é apropriada. Colaboração, em nosso contexto de newgociação, não significa capitulação. Um bom negociador garante que existam opções suficientes a serem distribuídas para ambos os lados e, mais importante, nunca revela a ordem de importância de cada opção. Afastar-se do quadro errado é crítico. Esse é também o lugar onde a **BATNA** vem para ajudar a moldar essas opções.

Finalmente, opções e várias alternativas para essas opções vão agregar valor e melhorar nossa capacidade de fazer um acordo melhor. Quanto mais opções, mais fácil é a distribuição e o espaço para concessões no processo ideal. Com a criação de opções desiguais surgem concessões desproporcionais. O objetivo da nossa newgociação é o paradigma equitativo e a distribuição equilibrada de opções. O ganha/ganha cria oportunidade e não exige nada menos.

PODER

Nosso quarto elemento — *poder* — é potencialmente mais destrutivo do que construtivo ou produtivo. No entanto, "poder", especialmente para os nossos profissionais da administração pública, faz parte de todas as newgociações e relacionamentos de alguma forma ou de outra. Nós, portanto, gastamos várias páginas de aviso para identificar o campo minado e também qualificamos nossa discussão sobre o poder em três categorias distintas, como nas automotivações centradas, táticas que falham porque danificam relacionamentos e qualidades que lubrificam as newgociações e porque melhoram relacionamentos.

Motivações egocêntricas: o poder do dinheiro nos ajuda a determinar a autoridade e a capacidade de transacionar um acordo, mas também ajuda a corromper. O poder do dinheiro, como o poder do sexo, é uma incrível fonte de influência. Além disso, qualquer poder é bastante viciante. O desequilíbrio químico é fornecido para o cérebro humano e remove a capacidade de temer ou aderir às regras, normas ou leis da sociedade civil. Infelizmente, o poder do dinheiro e do sexo são as duas causas mais perigosas de desgraça para os profissionais do setor público. Nós temos conhecidos presidentes, governadores, ministros, legisladores, prefeitos e membros do conselho que perderam a confiança de seus eleitores e, às vezes, até mesmo o seu escritório, por causa da natureza viciante e destrutiva desses tipos de poder.

Essa é mais uma razão pela qual nossa técnica de newgociação enfoca o propósito da newgociação em vez do preço. A identificação do "porquê" por meio da criação de interesses e invenções de opções reduz o risco de corrupção ou do interesse próprio.

Temos como objetivo, particularmente, um propósito aos profissionais do setor público, que nos fundamenta e nos faz lembrar de nossa responsabilidade como servidores públicos: negociar em nome e para o setor público, com o objetivo de criar valor para a comunidade em que temos a honra de servir ao interesse coletivo. O poder do dinheiro ou do sexo é de interesse próprio.

Nossa técnica de newgociação é projetada para buscar colaboração e cooperação para melhorar o negócio para todos, em oposição ao particular. Boas medidas de governança, como transparência e prestação de contas, ajudam a expor o interesse próprio, que é um segredo.

O poder do ego não é um distante terceiro para os dois primeiros que nós identificamos aqui. Um egomaníaco tem certeza de que sua verdade é a única verdade. Ele tem dificuldade em aprender, mais importante, ele acha que ouvir é uma perda de tempo. Dado que identificamos a escuta empática, de fato, como uma ferramenta importante para inventar soluções em nosso sistema de newgociação, um egomaníaco é um passivo em valor e criação.

Manipular ou seduzir o egocêntrico com habilidade pode ser a única maneira de transformar o negativo em positivo. Isso é muito semelhante à nossa discussão sobre o autoritário e a história do embaixador francês Talleyrand, transformando o imperador da Prússia para preservar a magnífica Pont d'Alexandre III em Paris. Mudar o quadro é crítico.

Inveja e ciúme são motores de poder e fraqueza em newgociação. Ambos criam conflitos, mais do que isso, ambos levam a perder/perder em resultados. Quantas vezes encontramos irmãos brigando por uma herança de família, que é vendida em uma venda de imóveis porque nenhum concorda que o outro o tenha? Ter inveja dos benefícios da outra parte, das opções criadas na newgociação, é realmente perigoso.

Esse é o quadro competitivo, ao contrário do quadro colaborativo mais produtivo.

Nós discutimos anteriormente a importância de se ter igualdade nas quantidades de opções no estágio de distribuição de valor para se certificar de que a newgociação levará a uma vitória/vitória. Nós, agora, enfatizamos a importância da qualidade das opções criadas, bem como da quantidade. Enquanto o ciúme pode ser usado como um motivador, o que pode ser uma coisa boa, qualidades e opções equilibradas evitam o negativo e emoções humanas destrutivas de ciúme ou inveja.

No contexto de newgociações com um promotor imobiliário (os que transformam o capital financeiro em imóveis), Frank sempre diz que como prefeito ou membro do conselho ele nunca está preocupado negativamente com o potencial de benefícios do desenvolvedor, mas apenas com os benefícios de seus constituintes como resultado do desenvolvimento proposto. Ele procura qualidade e equilíbrio nos deveres e responsabilidades de cada lado. Ele procura justiça para sua comunidade, mas nunca inveja os benefícios do desenvolvedor. Ele acrescenta que o objetivo é fazer as duas coisas, o desenvolvedor e os vencedores da comunidade no resultado do negócio. Ambos merecem sucesso e nosso trabalho é facilitar esse sucesso.

O poder da *"reciprocidade"* é uma faca de dois gumes. Em sociedade civil e com base em nosso sistema de valores comuns, nós retribuímos um presente com um presente, um favor com outro favor, um ato de bondade com outro ato de compaixão. Estudos realizados no Massachusetts Institute of Technologu (MIT), demonstraram que quando fazemos favores aos outros nosso cérebro libera dopamina, o hormônio da felicidade. Então você não ajuda apenas por ajudar, você faz isso e ganha uma belíssima sensação de bem estar. Todos nós estamos em busca de recompensas inconscientes quando ajudamos o outro.

As leis de conflito de interesses baseiam-se na noção de que os profissionais do setor público devem ter maior lealdade ao público. Assim, o aspecto pessoal e considerações financeiras privadas por parte dos profissionais do setor público não estão autorizados a entrar no processo de tomada de decisão. O poder de reciprocidade pode ser simbólico e até permissível, se os benefícios para todos, do setor público valorizarem a integridade e a ética em nossas newgociações e ficar longe até mesmo da percepção de reciprocidade potencial, se a reciprocidade incluir o interesse próprio, sobre o interesse público. Táticas falham porque prejudicam as relações, o poder da ameaça pode ser produtivo se usado corretamente.

Confiança, postura e habilidade para dissuadir são ótimos recursos para evitar um conflito ou uma briga. O velho provérbio em latim "si vis pacem, para bellum" ou "se quer paz, prepare-se para a guerra", geralmente interpretado como querendo dizer paz com o uso da força — uma sociedade forte sendo menos apta a ser atacada por inimigos. Essa frase, atribuída ao autor romano do século IV, Publius Flavius Vegetius Renatus, foi também usada como mote pelo fabricante alemão de armas Deutsche Waffen und Munitionsfabriken para designar a sua pistola parabellum; o contexto demonstra o poder da ameaça geral a ser preparado para a realização do bem.

Por outro lado, ameaças específicas frustram a abordagem colaborativa e reduzem as chances de discussões prolongadas para a criação de interesses e invenções de opções para resolver problemas. O poder do blefe como a tática da dominação em newgociação pode funcionar, mas é de curta duração. Blefar pode ser uma habilidade para um jogo de pôquer, mas newgociações complexas para nossas organizações ou nossas comunidades não são um jogo. Fingindo por meio do silêncio ou deturpação, ruínas do capital social, essa reputação de não mencionar é simplesmente desonesta. Leva-se anos para construir confiança e reputação e um blefe pode destruí-las. E para quem pensa que ele fugiu, há sempre a próxima vez e, uma vez descoberto, a suspeita atormenta esse relacionamento para sempre.

Nós, inequivocamente, acreditamos que isso não é para os nossos profissionais do setor público. Nós sempre defendemos a ética antes de qualquer outra coisa em nossa newgociação. Nenhum negócio vale a pena se compromete nossa reputação ou integridade. Talvez outra maneira de dizer isso é que no blefe e na deturpação não é possível conseguir a oportunidade de ganha/ganha, especialmente a longo prazo.

Dentre os poderes que não são úteis para o nosso paradigma de newgociação estão o que os antigos negociadores chamam de "táticas de salame", ferramentas para manipular mais do que colaborar. Consiste em tornar a newgociação como um processo passo a passo, forçando concessões em "fatias finas". Em nossas aulas, criamos um conjunto de ferramentas de aprendizagem para colher informações e inteligência como passo de preparação para evitar ser vítima de tal poder arcaico. Além disso, o uso de um facilitador com capital social é útil para mudar a narrativa de manipulação para colaboração. Essas táticas não agregam valor, mas prejudicam apenas a destruição da confiança.

Outro truque de poder terrível no antigo repertório de newgociação é a última oferta indesejada e não solicitada, ainda outra concessão antes de assinar por muito tempo e, às vezes, newgociações dolorosas são uma tática de poder. É desonesto, prejudica a colaboração e destrói qualquer confiança que possa ter sido construída durante o processo de newgociação. Essa tática é curta e certamente arruinará a reputação.

Uma maneira de responder é revisitar os interesses em uma tentativa de redefinir a newgociação. Isso também pode ser um ótimo lugar para usar a **BATNA** para reformular o contrato ou, potencialmente, ir embora.

Talvez a tática de poder mais clássica dos antigos negociadores seja o que é chamado de "policial bom e policial ruim". Coloque em prática pelo lado cooperativo e competitivo da negociação. Esse 2 em 1 é estratégia que não ajuda relacionamento ou construção de reputação. Isso é inconsistente com os nossos padrões éticos e elegantes para lutar pelo ganha/ganha colaborativo. Na verdade, o "policial mau" é intencionalmente olhado para intimidar por meio do engano.

Nós vemos isso como o oposto do nosso paradigma de newgociação, onde ambas as partes ganham por meio do compartilhamento. Para desarmar tão feio cenário, honestidade na rotulagem e expor diplomaticamente a tática com um pedido para começar de novo é benéfico. Garantias de que todos os interesses são discutidos de forma aberta e justa são persuasivos.

Boa preparação e o poder de antecipação são ferramentas para evitar a tática todos juntos. Nossa intenção, no método metódico e pensativo na preparação nos leva a negociar com uma pessoa com autoridade ou legitimidade, construindo confiança e evitando o policial ruim com todos juntos. E se essa tática persiste, trazendo seu próprio policial ruim, pode ser um lembrete de que uma redefinição no relacionamento pode ser útil para todos; qualidades que lubrificam as newgociações, porque melhoram os relacionamentos.

O poder da mídia e, mais importante, a nova mídia, é bastante notável e inegavelmente potente. Imagens são mais importantes na reputação e no valor intangível que elas oferecem a vários atores. A newgociação é substancialmente melhorada ou afetada de outra maneira pelos meios de comunicação. Devemos prestar atenção nesse poder e usá-lo para promover o valor do ganha/ganha.

Em um ambiente cada vez mais competitivo, com empresas lutando por receita, crescimento, participação de mercado e fidelidade, medindo e gerindo, a reputação corporativa tornou-se o principal motor de valor do negócio. Embora a maioria das empresas concorde que a reputação em gestão é importante, relativamente poucas descobriram como aproveitar seu valor. Enquanto quase 80% das empresas pesquisadas concordam que agora vivem em uma "economia de reputação", um mercado onde quem você é importa mais do que o que você produz, no entanto, apenas 20% dizem que sua empresa está pronta para competir com ela.

A batalha pela responsabilidade social corporativa está sendo travada em todo o mundo. O Google encabeça esse gráfico de acordo com o Reputation Institute Report de 2014, com mais de US$353 milhões em doações em todo o mundo, US$3 bilhões em anúncios, aplicativos e produtos gratuitos e funcionários do Google que se voluntariaram por aproximadamente 6200 dias no total do tempo dos funcionários para apoiar organizações sem fins lucrativos (um total de 150.000 horas).

Encontramos esse valor intangível da imagem útil para o nosso novo paradigma de governança cada vez mais distribuído ou compartilhado, o que, por sua vez, promove a oportunidade de ganha/ganha. A reputação cria confiança e a confiança cria negócios. Em seguida, em nossa análise, está o valioso poder do capital social. O Banco Mundial define capital social como "instituições, relacionamentos e normas que moldam a qualidade e a quantidade de interações sociais da sociedade". Em um artigo que atribuímos em nossas aulas sobre capital social na criação do capital humano, James S. Coleman escreve: "O capital social é produtivo, fazendo possível a realização de certos fins que, na sua ausência, não seriam possíveis".

Acreditamos que essa produtividade é primordial em nossa newgociação. Cientistas sociais concluem que o capital social melhora o desenvolvimento econômico, político, administrativo, humano e global com comportamentos, porque, na verdade, é composto de conceitos como "confiança", "comunidade" e "redes". Embora esses conceitos sejam difíceis de quantificar, o desafio aumenta quando se procura medir não apenas a quantidade, mas também a qualidade do capital social em uma variedade de escalas. O banco incentiva os cientistas sociais a identificarem métodos e ferramentas para qualificar e quantificar o capital social, para que os formuladores de políticas possam tomar decisões sobre assuntos como pobreza, desenvolvimento econômico e democracia.

Resultados na qualificação e quantificação de capital são fascinantes. Medidas de confiança no governo ou confiança interpessoal, fortes tendências de voto, participação em organizações e voluntariado contribuem para a prosperidade de uma cidade, estado ou nação. John F. Helliwell e Robert D. Putnam, no Eastern Economic Journal (1995), examinam o capital social comparando norte e sul da Itália.

Suas pesquisas e conclusões apoiam cientistas sociais e são bastante convincentes sobre o poder do capital social. No norte da Itália, onde indicadores criam envolvimento, participação eleitoral, leitura de jornais, participação em organizações tais como clubes de futebol, a confiança em instituições é alta, melhorias significativas na governança são mostradas em comparação com o sul da Itália, que é muito mais pobre e mais desprendido do governo e das instituições.

Em termos simples, não há substituto para confiança, comunidade ou redes ao procurar melhorar a probabilidade de fechar um melhor negócio, pois eles melhoram o valor por meio da colaboração, melhoram produtividade, compartilhando e evitando conflitos. Não há melhor maneira de negociar do que "colocar um braço" em torno de alguém, em sinal de amizade, do que saber em quem em nossa comunidade ou rede nós podemos confiar para descrever o "porquê".

Começar com interesses semelhantes é mais da metade da batalha em newgociações. Nesse contexto, a pesquisa do Banco Mundial certifica: "Evidências crescentes que a coesão social é fundamental para as sociedades prosperarem economicamente e para que o desenvolvimento seja sustentável. O capital social não é apenas a soma das instituições que sustentam uma sociedade, é a cola que as mantêm juntas".

Além disso, nossa liderança na confiança garante mais felicidade nas newgociações com comunidades mais felizes. Stéphane Garelli é um professor no Instituto Internacional de Desenvolvimento de Gestão (IMD) e da Universidade de Lausanne. Ele lidera o time que publica o anuário de competitividade mundial do IMD, o estudo mais abrangente e reputado no domínio da competitividade das nações. Não é de surpreender que países com alto nível de confiança interpessoal estejam entre os 10 mais prósperos no mundo.

A felicidade é muito alta entre os países nórdicos. A Suécia ocupa o mesmo nível que a Noruega e a Finlândia, mas ficam depois da Dinamarca nesse quesito. Os Estados Unidos, entre os países com mais de 150 milhões de pessoas, ocupam o número 10. Nosso paradigma de newgociação prospera na confiança, capital social, integridade, elegância e ética. Nossos negociadores têm uma maior taxa de sucesso para conseguir um acordo melhor. Dito isso, nós não defendemos a ingenuidade também. Ao enfrentar táticas de poder negativas, os negociadores antecipam o que pode estar faltando.

A felicidade é um fator que influencia no comportamento das pessoas, aumenta a probabilidade e produtividade para se fechar acordo, reduz custos e aumenta ganhos, gerando satisfação nas newgociações. O israelense Tal Ben-Shahar, conhecido por dar as aulas mais concorridas da Universidade de Harvard, usa um ramo da psicologia positiva e a ciência da felicidade para ajudar seus alunos a serem mais realizados, como uma forma de trabalhar as emoções, porque 80% de nossas emoções guiam as nossas decisões.

A Dinamarca, o país que é considerado um dos *"mais felizes"* do mundo, utiliza a cultura que favorece a cooperação, crianças dos 6 aos 16 anos frequentam aulas de empatia. Ensinam as crianças a concentrarem-se na cooperação para a competitividade. Uma hora por semana os jovens participam de cursos de empatia, um assunto que estimula a preocupação com o bem-estar dos outros e a escuta para melhor entendimento e superação. Durante as aulas de empatia, as crianças aprendem a ler, compreender e ouvir as emoções dos outros. Usando imagens de outras crianças que estão experimentando diferentes emoções como tristeza, medo, alegria e frustração, elas são chamadas a descrever os sentimentos dos outros em suas próprias palavras e a expressar seus próprios sentimentos. Essas aulas são uma oportunidade para expressar emoções em público e ouvir as dos outros.

Em 2000, quando Jack Welch (ex-presidente da GE e referência em gestão), foi nomeado o gerente do século pela revista Fortune, perguntaram que conselho ele daria a outros gerentes. A resposta foi: aprendam a encarar a realidade. O mesmo se aplica à psicologia positiva, que não defende que os erros e os pontos fracos sejam ignorados, apenas propõe uma mudança de foco: parar de enxergar só o que vai mal e ver o que dá certo — mesmo nas crises. A proposta é observar o quadro completo da realidade para levar a se fazer uma melhor e eficaz negociação.

Max H. Bazerman e Michael D. Watkins em seu livro intitulado *Predictable Surprises - The Disasters You Should Have Seen Coming*, mostra-nos no contexto do negócio como minimizar o risco, compreendendo e reduzindo o risco psicológico, barreiras organizacionais e políticas que nos impedem de prever algumas das manipulações que discutimos aqui. Eles então descrevem as ferramentas poderosas

— incluindo incentivos e coalizões formais que as empresas ou profissionais do setor públicos podem usar para desentocar e afastar ameaças invisíveis para pessoa que tem acesso à informações privilegiadas.

Talvez mais simples seja o provérbio da antiga Rússia adotado por um presidente americano, Ronald Reagan: "confiar e verificar". Esta frase, desde então, passou para o léxico americano para simplesmente avisar contra surpresas previsíveis. Negociadores precisam promover esse senso razoável de suspeita, perguntando por meio de canais confiáveis, relações e redes, a veracidade da informação fornecida durante a preparação. Em nossa técnica, a informação é fundamental para identificar interesses, tomar decisões, desenvolver opções e projetar soluções elegantes para distribuir durante a nossa etapa de distribuição de valor.

A Harvard Business Review informa sobre esse novo princípio do valor compartilhado, que envolve "criar valor econômico de uma forma que também cria valor para a sociedade, atendendo às suas necessidades e desafios". Esse é, talvez, o poder da empatia e do cuidado, não é bem visto ou praticado antes. As empresas estão reconectando seu sucesso com o progresso social.

O valor compartilhado não é necessariamente responsabilidade social ou filantropia, mas um novo padrão para alcançar o sucesso econômico. Um número crescente de empresas conhecidas por seus negócios mais experientes e realizações como GE, Google, IBM, Intel, Johnson & Johnson, Nestlé, Unilever, Costco e Walmart já embarcaram em esforços significativos para criar valor compartilhado e reestruturação da intersecção entre sociedade e empresas, desempenho e sucesso.

Em nossas aulas de liderança intersetorial estamos ensinando e reforçando aos profissionais do governo de amanhã, para sabiamente regularem, de maneira que permitam valor compartilhado em vez de impedi-lo. Esse tema geral de empatia ou escuta empática para atender às necessidades e os desafios por meio da nossa técnica de negociação não devem vir como uma surpresa para os nossos leitores até agora. Newgociação é tudo sobre a escuta empática para alinhar interesses, criar opções e inventar soluções.

Uma das nossas citações favoritas do filósofo grego Epicteto é "Temos duas orelhas e uma boca para que possamos ouvir duas vezes mais do que falamos". E são esses melhores conselhos que damos aos nossos alunos. Nosso colega Robert Denhardt, em seu livro *Just Plain Good Management*, começa a lição um com "Listen, listen, listen", (ouvir, ouvir, ouvir, prestar atenção).

A primeira e mais importante ideia de boa gestão é simples: ouça, ouça, ouça. Não ouvir atentamente, genuinamente, pensativamente e completamente é a causa de um número incrível de falhas organizacionais. Por outro lado, ouvir cuidadosamente constrói confiança, engajamento e, por sua vez, produtividade. Pratique não apenas ouvir, mas realmente ouvir os outros. Encoraje pessoas para ouvirem umas às outras e, quem sabe, as pessoas podem até mesmo ouvir você. Nós concordamos.

Talvez mais impactante que a lição, o professor Denhardt conclui: "lembre-se da primeira lição de gestão: ouvir, ouvir, ouvir. A arte de ouvir significa ter paciência, tolerância, atenção aumentada e concentrada, focar no diálogo sem distrações. Ouvir é uma capacidade fundamental que os líderes e gestores costumam dar como garantida. Essas são lições que se encaixam claramente no que ensinamos em newgociação, porque a falta de ouvir com empatia nas etapas de preparação e criação de valor da técnica que descrevemos neste livro leva a oportunidades perdidas para criar valor.

Falta de valor diminui a probabilidade de fechar um negócio melhor. Além de ouvir, pensamos na intuição como o fenômeno da mágica, mas o que muitos chamam de "instintos do instinto" são formados de nossas experiências passadas e conhecimento desenvolvido ao longo do tempo. O que pode desenvolver suas capacidades intuitivas sendo perceptiva, atenta, detalhe orientado, curioso e repetitivo.

Muitos estudos mostram que a taxa média de retenção de aprendizado de uma palestra é de cerca de 5%; em contraste, a taxa de retenção por quem realmente faz, substancialmente, é aumentada para 75%. E aqueles que são treinados no FBI, na aplicação da lei geral ou na legislação, as academias de controle de fronteiras dominam essas habilidades, fazendo desenvolver uma intuição sobre uma pessoa que está mentindo, está envergonhada ou escondendo alguma coisa.

Em psicologia mais recente, a intuição pode incorporar a habilidade para chegar a soluções rápidas e eficazes para os problemas, a importância de que em nosso paradigma nós discutimos na criação de opções. Gary Kline, um pioneiro no campo da decisão natural descobriu que sob pressões de tempo e condições de fluidos, especialistas usam sua "base de experiência para identificar situações similares e intuitivamente (escolher) soluções viáveis".

Desenvolvemos essas habilidades que estão no centro do nosso paradigma de newgociação. Encontrar viáveis e elegantes soluções é o que ensinamos para a criação de valor e, finalmente, distribuição desse valor. Em nossa experiência, achamos que quando intuitivos, os negociadores são melhores para a concretização de um melhor acordo. Steve Jobs disse "tenha coragem de seguir seu coração e intuição". Eles, de alguma forma, sabem o que você realmente quer se tornar.

Por último, mas não menos importante, o poder do humor é, naturalmente, uma grande estratégia para cativar e ser encantadora. Nós ensinamos nossos alunos e estagiários a serem divertidos e não chatos durante suas apresentações. Insistimos em apresentações nítidas e ainda informativas, entregues com charme para atrair outras pessoas para nossas histórias. Alguns chamam isso de carisma. Nós descrevemos como a capacidade de esclarecer a parte do cérebro que faz as pessoas se sentirem positivas e entusiasmadas. Quando os participantes dão um sorriso na newgociação e sonham, os estudos mostram que os resultados são muito positivos.

Em nossas aulas, praticamos narração de histórias salpicada de limpezas e humor compreensível. Encorajamos nossos alunos a serem apaixonados por suas histórias. A paixão mostra que nos importamos e quando nos importamos, ouvimos. Quando ouvimos, aprendemos sobre interesses e problemas potenciais ligados a esses interesses. Quando nós sabemos os problemas, só então podemos inventar soluções. Quanto mais elegantes e colaborativas as soluções que inventamos, maiores as chances de um acordo. Quanto mais elegante e colaborativa a solução que desenvolvemos, tanto maior são as chances de um melhor negócio. Nosso paradigma de newgociação é tudo sobre o valor agregado e o "melhor negócio".

COGNIÇÃO

Contar histórias correlaciona-se com o nosso quinto elemento ao piloto newgociação, por meio de uma comunicação eficaz. Falado, e comunicação não dita e escrita, continua a ser elemento muito importante do nosso paradigma de newgociação. Dado que nos concentramos no "porquê", ao contar uma história, as habilidades de escrita, apresentação e habilidades de apresentação são primordiais para um negociador de sucesso. Primeiro as impressões contam muito e, às vezes, a primeira impressão ruim é irreversível.

Os elementos de comunicação e relacionamento que discutiremos a seguir são os dois de nossos 10 elementos dos quais temos aplicações em todas as nossas quatro etapas para a newgociação (ou seja, preparação, criação de valor, distribuição de valor e implementação ou siga através).

Não há nada mais importante do que a preparação para saber como se comunicar de forma eficaz e eficiente. Nossa investigação ou preparação antes de iniciar a negociação deve verificar a identidade e as características do(s) parceiro(s) de negociação, contexto, incluindo o impacto da cultura, valores conhecidos, redes e hábitos. Por exemplo, com base em nossa própria experiência no ensino ou coaching em vários países ou em várias culturas, encontramos diferenças e tendências claras na comunicação. Na Nigéria, todas as newgociações são fundamentadas na norma. Na China, um facilitador confiável é preferido. Na França, status social, cargo e educação credenciais fazem uma diferença substancial na newgociação do processo.

Além disso, contexto político ou imagem não podem ser ignorados em uma comunicação. Newgociação com um "prefeito de trabalhadores" por uma comemoração do Dia do Trabalho no Brasil, provavelmente não terá sucesso se o negociador aparece em um terno de grife e caro. Oitenta por cento da comunicação é não verbal, então devemos considerar nossa aparência, maneira de se postar e gestos durante as newgociações.

Mostrar elegância, paixão, cuidado e consideração é o caminho. A percepção e a realidade da civilidade são boas para impressionar e ajudar a iniciar o processo de sua reputação e colaboração para a nossa newgociação. Fazer os outros se sentirem importantes é uma habilidade especial que recompensa o participante em nosso paradigma de newgociação. O motivo para um funcionário deixar o emprego não é o dinheiro ou o trabalho, mas o seu relacionamento com seus superiores e colegas. Nutrir esse relacionamento desde o primeiro dia é extremamente importante no processo de negociação.

O uso da tecnologia para se comunicar é, agora, bastante aceitável em todos os círculos. Apresentações visuais e de áudio para apresentar documentos, slides ou qualquer outro tipo de mídia devem parecer profissionais. Essa é, tipicamente, a nossa primeira impressão após o nosso físico, a aparência. Nós insistimos com nossos alunos para considerar critérios de design com slides.

Onde localizar logotipos em uma base consistente? Como lidar com imagens para contar uma história? Como não sobrecarregar apresentações com texto ou números? Como usar lápis de cores agradáveis? Como escolher um local para a apresentação? Acima de tudo, como claramente comunicar linearmente o "porquê", o "o quê" e o "como" do projeto em questão ou a substância da negociação, nessa ordem.

O primeiro minuto em uma apresentação digital deve tocar o coração das pessoas, procurar a ideia central, que é a síntese máxima do que você vai transmitir e tem que ser diferente, criativo e principalmente despertar a curiosidade de seu público. Ricardo Bellino, em seu livro *3 minutos para o sucesso,* oferece sua sabedoria bem-sucedida no impacto da primeira impressão, o poder da intuição e a importância da imagem e comportamentos não verbais. Essas são todas as coisas que abraçamos em nosso paradigma de newgociação.

Consistência e compromisso transmitem confiança e confiança constrói reputação. Para ter sucesso nas newgociações, precisamos de ambos. Nós discutimos previamente a confiança no contexto da construção social, capital e a importância do capital social na melhoria da nossa capacidade para transacionar um acordo. Em nosso mundo de newgociação, não há nada como o sucesso de um negócio fechado, influenciando o próximo negócio. Os profissionais do setor público costumam dizer que a implementação correta é tudo.

Diplomacia suave e elegância moral fazem parte da pesquisa. Yann assim conduziu durante seu trabalho de pós-doutorado, em

Harvard. Pesquisadores e profissionais estão sempre intrigados para saber como lidar com momentos comunicativos e críticos durante uma newgociação.

A comunicação adequada é fundamental para contar a história, descrevendo interesses, encontrando e aplicando soluções e até mesmo determinando a hipótese do problema ou o assunto da newgociação. O que poderia ser criticamente e fatalmente falho é uma falta de comunicação sobre a hipótese. Em outras palavras, como podemos resolver um problema se não concordarmos com a definição?

O *"quê"* é importante por dois motivos. Um é que operam a partir da mesma definição para definir interesses, o outro é para personalizar opções. Comprar laranjas para um fabricante de suco é diferente de comprar laranjas para uma padaria. Uma precisa da polpa; o outro, da pele. Uma abordagem colaborativa para comprar a mesma laranja pode render benefícios substanciais e, portanto, um melhor negócio para o agricultor, espremedor e padeiro.

Aqui, a etapa de criação de valor é conectar interesses, preferências e opções para aproveitar um melhor negócio. A etimologia e a epistemologia são as chaves para uma comunicação eficaz. Por essa razão, vemos newgociação usando o conhecimento de enquadramento de gestão, como forma de reduzir a distância entre as informações e percepções, que são uma fonte de discordância.

Nossa cultura de negociador se concentra mais nas ferramentas cognitivas que descrevemos neste livro e na resolução de quaisquer diferenças de uma maneira elegante. O ouvinte empático e o elegante negociador diriam "aqui é como eu vejo isso, se eu sou errado, por favor, me ajude a ver de forma diferente". Esta afirmação é autêntica, honesta e sincera. Isso é sobre a descoberta conjunta de fatos e não sobre persuasão ou advocacia.

O exercício é sobre reduzir a lacuna entre a percepção e a realidade para que todas as partes tenham dados precisos para criar opções e resolver problemas. Não é um benefício de um acordo construído em uma premissa falsa ou ruim de decisões. É aí que os elementos de boa decisão, como articulado pelo nosso colega professor Abbas, tornaram-se tão importantes.

RELACIONAMENTO

Nosso sexto elemento em nossa técnica de newgociação é o relacionamento. Isso inclui pessoas na mesa para negociar, bem como pessoas que podem afetar o resultado da newgociação. Isso é bem multidimensional para nossos profissionais do setor público. Tendo existido e forjado relações com vários participantes, essas práticas são comuns para o setor público. Construir confiança e aceitação entre as partes interessadas não é apenas importante, mas também necessário para as newgociações. Para reunir uma lista abrangente de partes interessadas com propósito de desenvolver as relações e dados necessários para newgociações, oferecemos as seguintes estratégias:

1. Envolva partes interessadas internas, também conhecidas como agentes administrativos ou funcionários do governo o mais cedo e com a maior frequência possível. Eles são profissionais com recursos incríveis. Quanto mais eles se sentem membros, quanto mais eles são investidos na ideia, mais provável é que eles concordem com a direção da newgociação prospectiva.

   Além disso, quanto mais cedo eles estiverem envolvidos, mais rápido você poderá atender às suas necessidades e preocupações, em vez de descobri-las tarde no processo. Essas são pessoas responsáveis por executar decisões políticas feitas por você.

2. Defina as métricas e expectativas adequadas antes do início do trabalho para a preparação da newgociação. Instruções claras, métricas e expectativas razoáveis geram confiança, melhorando as chances de sucesso.
3. Identifique a equipe principal para criar uma equipe, mas não ignore o restante. Isso é fundamental para reconhecer as agendas, metas e expectativas de todos, certificando-se de incluir a equipe em todos os níveis. Dirigir à equipe necessidades para ajudar a ganhar impulso de baixo para cima, garante que nós abordemos potenciais preocupações de todas as direções durante a nossa preparação.
4. Conte histórias e percorra cenários ao apresentar políticas ou projetos. As histórias trazem significado e valor, além de como a política ou projetos aparecem na superfície. Histórias nos ajudam a estabelecer uma conexão com a nossa equipe em ambos os níveis, analítico e emocional, e podem ser muito eficazes não só na nossa preparação, mas também em criação de valor e etapas de distribuição de valor da newgociação.
5. Explicar as compensações que ocorrem na política ou nos projetos e se comprometer na forma em que forem feitos. Sempre que alguém questiona a abordagem ou sugere uma maneira alternativa de fazer as coisas, você deve estar pronto para explicar elegantemente as compensações que ocorrerão, se essas alterações forem feitas. Por exemplo, enquanto algo pode ser mais barato e mais fácil de construir, um aumento de problemas de usabilidade pode afetar a conversação. O feedback nem sempre é negativo no compromisso. Muitas vezes, o feedback das partes interessadas pode resultar em ganhos e benefícios para a experiência do usuário e o sucesso do produto. Abrace opções.
6. Relacionar ideias e políticas ou projetos às necessidades das partes interessadas. Ao apresentar políticas ou projetos, tenha

em mente perspectivas das partes interessadas ou constituintes em geral. Essas são pessoas que serão afetadas pela decisão dos profissionais do setor público. Essas são, também, pessoas que têm um interesse emocional ou relacional nos resultados da política.

7. Apoie políticas ou projetos com dados sempre que possível para reduzir a subjetividade. Políticas ou projetos devem ser influenciados necessariamente (dirigidos) pelos dados, embora nem tudo possa ser influenciado pelos dados, podendo referir-se tanto aos aspectos qualitativos e nas pesquisas quantitativas que ajudam a influenciar a abordagem, que pode ser muito útil na redução de opiniões subjetivas durante a política ou discussões de projeto.

8. Fale sua língua. Isso ajudará você a se conectar com a sua audiência e com as partes interessadas, o que é muito importante. Em última análise, isso é importante para construir competência, relacionamento e confiança.

9. Não seja excessivamente defensivo ou deixe que o orgulho o atrapalhe. As partes interessadas oferecem uma perspectiva muito importante e suas percepções são essenciais para o sucesso do projeto. Se o feedback sair como crítico sem ser construtivo, geralmente é porque é difícil articular o que não parece certo sobre uma política ou projetos. Ouça ativamente todos os comentários e tente se concentrar no que as questões reais são, ao contrário de sempre saltar para defender uma posição estabelecida.

Nós que estamos em um cargo público sabemos muito bem o embaraço que sentimos quando uma posição que defendemos é destruída por fatos e números durante um processo de audiência pública com cidadãos comuns. De volta à aula do professor Denhardt: "ouça, ouça, ouça".

10. Comunique-se bem. Pode ser melhor apresentar diagramas e por um roteiro com imagens ou escrito passo a passo para ajudar a visualizar ideias e contar a história maior.

11. Oferecer métodos de teste de várias abordagens quando o consenso não pode ser alcançado. Há momentos em que o feedback das partes interessadas pode parecer perfeitamente válido, mas não há uma maneira clara de determinar se uma ideia ou abordagem é melhor que outra. Uma informal mediação pode ser uma solução viável. Quanto mais opções, mais chances de resolver ou mediar os resultados desejados.

12. Prever e abordar preocupações técnicas. Consulte especialistas técnicos sempre que necessário, pois os erros técnicos são fáceis de se tornarem difíceis de corrigir uma vez que a newgociação esteja em andamento. Essas são pessoas que têm conhecimento ou informações necessárias para você tomar boas decisões políticas. Ajude-os a ajudá-lo.

13. Envolver as pessoas cujas diferentes maneiras de pensar ou trabalhar trazem ideias novas para o processo e para a formulação de políticas. "Pense diferente", disse Steve Jobs, "se você não canibaliza a si mesmo, alguém o fará". Vamos entender de forma clara e objetiva o que significa canibalizar, é se superar, buscar inovação constante, usar inteligência competitiva e de mercado para obter sucesso. Jobs como empreendedor, acreditava que a sua forma de pensar influenciava o caminho para o qual sua empresa estava seguindo.

14. A empatia, segundo Brené Brown, autora e palestrante americana, "é caracterizada pela capacidade de adotar a perspectiva de outra pessoa, a capacidade de não julgar e, finalmente, a capacidade de reconhecer emoções nos outros e comunicar". Neste, a empatia se distingue da simpatia ou compaixão. É essa postura que consiste em *"colocar-se no lugar*

do outro", o que torna possível encontrar as palavras certas para ajudar uma pessoa ou compreender suas ações singulares (muitas vezes, diferentes das nossas). Narrar os eventos que criaram o conflito permite reconstruir o que se perdeu no seu meio, que é a nossa capacidade de entender e confiar no outro. Temos que reconstruir essa capacidade que perdemos quase sem perceber. Se formos sinceros, pacientes e narradores habilidosos, podemos encontrar caminhos comuns.

A empatia, portanto, é a capacidade de identificar com os outros o que eles sentem, ou seja, ser capaz de se colocar no lugar dos outros e parar de julgá-los através do nosso próprio espelho. Esse exercício é feito em uma lógica descritiva: é explicar o que o outro sente e nunca julgar esses sentimentos ou qual é a causa, comenta Jessica Joelle Alexander, coautora do livro, *O modo dinamarquês de parentalidade*. Segundo ela, é uma maneira de olhar para os outros em vez de se concentrar em seu próprio sucesso pessoal. Uma maneira de incentivar valores, como ajuda mútua e solidariedade. Na França ou na Bélgica, em sociedades que dizem muito sobre o indivíduo e seu sucesso econômico, devemos nos inspirar nesse exemplo? Devemos compreender e ouvir as emoções dos outros?

As pessoas se recusam a negociar, não aceitam a possibilidade de estabelecer regras e se comportam como se os outros não existissem, negam a relevância do desejo do outro. Não há como impor nossa moral sem a força, porque essa moral não se apoia na autoridade, mas em nossa insuficiência, impotência de que o outro se comporte corretamente. Devemos nos concentrar nas emoções que eles fazem emergir em nós e em como superá-las. A primeira reação é xingar, mas um insulto não ajuda em nada e pode prejudicar. Segundo os filósofos estoicos, como Sêneca, precisamos mobilizar nossas emoções mais fortes contra as situações e não contra as pessoas, existem regras. Maxime Rovere, filósofo francês e leitor de Espinosa, em seu livro *O que fazer com os babacas: E como deixar de ser um deles*, relata que "somente a narrativa permite apaziguar o conflito porque ela permite à verdade emergir da interseção dos pontos de vista sem ser necessário estar totalmente de acordo nem ter qualquer certeza".

Todos nós precisaremos nos tornar aprendizes por toda a vida, tanto entre os trabalhadores individuais como administradores do setor público, a divisão do trabalho entre humanos, máquinas e algoritmos está mudando rapidamente. As ocupações em crescimento incluem trabalhos que são significativamente baseados e aprimorados pelo uso da tecnologia. No entanto, espera-se que também cresçam trabalhos baseados em traços distintamente *humanos*, como atendimento ao cliente, profissionais de vendas e marketing, treinamento e desenvolvimento, pessoas e cultura, especialistas em desenvolvimento e gerentes de inovação.

A competitividade do mercado, com o tempo, vem crescendo; e, por consequência, as maneiras de fazer e conduzir um possível cliente têm se tornado cada vez mais criativas. Nas áreas de serviço e produto, o cliente tem se tornado o centro do negócio. De acordo com a SalesStaff, 68% das companhias ainda têm dificuldade em gerar liderança, por isso é necessária a fidelização dos clientes. Definir as pessoas e garantir o timing é essencial para demonstrar valor que pode gerar sua fidelização. Estudo feito pela Bain & Company mostra que aumentar a retenção de clientes em apenas 5% pode aumentar os lucros em até 95%. O valor que a sua solução gera para o seu cliente é o que motiva uma compra. Quer uma forma melhor de satisfazer o seu cliente do que antecipar as suas necessidades? Com boas práticas de fidelização de clientes, mostre resultados, ofereça algo mais, não se esqueça dos detalhes; essa é uma relação ganha/ganha fácil de ser estabelecida nesse caso; simplicidade e eficiência costumam fornecer a melhor experiência possível.

CONCESSÕES

A abordagem mais comum nas newgociações convencionais é newgociação posicional. Isso também é conhecido como o bom e velho "pechinchar" em um bazar aberto para um produto. O proprietário da loja tem um preço alto esperando que o cliente ofereça um preço muito baixo. Depois de uma série de concessões, a ZOPA é reduzida a um acordo, quando o preço ou o cliente passam para o próximo dono da loja, que representa a **BATNA**.

Os dois bons argumentos que podem ser feitos para esse estilo de newgociação é que ele remonta ao início do tempo e é bastante simples. Preparação é necessária, é rápida e é também universalmente reconhecida e frequentemente usual. Há, também, benefícios táticos e estratégicos para um lado ou para o outro, dependendo de quem ancora para a melhor ou mais favorável posição.

Em outras palavras, a newgociação posicional tem os ingredientes e está predisposta a ser ganha/perde. É competitiva como a queda de braço e concentra-se no conflito e não na colaboração, como nós previamente afirmamos que essa é míope e certamente não é sustentável em multinewgociações laterais, especialmente no setor público. Talvez a maioria significativa de suas deficiências seja a falta de oportunidade para discutir interesses e explorar mais e melhores opções ou considerar o "porquê" para a criação da "torta maior".

Além disso, todos os benefícios da colaboração, criatividade e compromisso com dados e padrões ou maximização de valor e oportunidades são completamente diluídas. Negociação posicional também promove todos os maus hábitos que discutimos anteriormente em nosso poder elemento, incluindo táticas de salame, bom policial e policial ruim na melhor das hipóteses; blefe e deturpação na pior das hipóteses. Newgociação posicional tende a produzir resultados arbitrários "dividindo a diferença" ou o que pode ser rotulado perde/perde. Esse resultado é muito difícil para um profissional do setor público explicar ao seu eleitorado por que ele negociou perder.

Nosso paradigma de newgociação contempla mútuas concessões baseadas na pluralidade de opções criadas como resultado de interesses examinados. Nossas concessões só ocorrem na etapa de distribuição, que consiste em transformar o pacote de opções criadas sem compromisso durante a criação de valor, passo em uma série de concessões mútuas que ambas as partes estão preparadas para adotar.

O passo de distribuição de valor é o momento crítico em que os negociadores revelam todas as opções possíveis e depois fazem a ancoragem do preço esperado. A distribuição de valor é também o momento de justificar o preço e as melhores opções disponíveis, por meio do uso de normas, conformidade com a lei e dados. Por esse passo nosso, espera-se que os negociadores tenham estabelecido um relacionamento, um nível de confiança, reputação, objetividade, justiça e credibilidade. Só então pode haver uma distribuição justa de uma lista de opções equilibradas a serem realizadas, uso de negociadores e concessões para estabelecer um quadro ganha/ganha distributivo.

CONFORMIDADE AO ESTADO DE DIREITO

O último facilitador ou constrangedor para as newgociações é a regra, a lei. O uso da lei nas newgociações é muito mais estratégico na sua natureza. Profundo conhecimento e compreensão das leis podem facilitar newgociações, permitindo que os profissionais do setor público moldem os interesses legais com melhores opções e soluções dentro dos limites da lei. Pelo mesmo símbolo, o estado de direito é uma limitação para o contemplado processo de negociação, bem como o resultado esperado.

Por exemplo, mesmo assumindo a necessidade de pensão na reforma para a saúde financeira de uma organização municipal, a lei pode proibir essas reformas ou o acordo de newgociação coletiva no lugar, pode barrar a redução do anteriormente negociado e investido benefício. A conformidade legal, incluindo a autoridade para contratar, tem impacto direto na credibilidade e liderança do gestor público.

Melhor saber desde o início se o assunto da newgociação é legalmente alcançável. Consultar um advogado, portanto, é necessário para um profissional do setor público durante a fase de preparação e, em última análise, implementação ou acompanhamento até a fase da newgociação.

Nós oferecemos uma advertência aqui sobre o que geralmente queremos dizer como o uso da palavra "legalmente". Claramente, queremos dizer o literal em conformidade com a lei, mas também queremos dizer conformidade com costumes, convenções e expectativas comportamentais. Especialmente em domínio público, o papel da política é substancial e a percepção na política é a realidade. Aderir a esses costumes e expectativas devem fazer parte da etapa de preparação, bem como da de implementação.

Em nossas aulas de ética ou liderança, geralmente ensinamos que a lei é o requisito mínimo. Então, só porque é legal não significa que seja ético ou costumeiro. Concedendo um contrato para empresa de um amigo em que o profissional do setor público não tem agência financeira, mas os juros podem ser legais, mas não necessariamente aceitáveis para os constituintes do profissional do setor público, nos Estados Unidos. E de claro contexto geográfico, como sua própria casa e bairro, também acrescenta mais uma dimensão ao que é normal, ou um comportamento legalmente aceitável.

Por exemplo, o que pode constituir assédio sexual nos Estados Unidos pode ser cultural e legalmente aceitável na Europa. Os requisitos legais mais amplos contemplados e mapeados por facilitadores treinados como advogados, portanto, têm um grande impacto sobre a preparação e, finalmente, o resultado de cada newgociação.

O impacto durante a preparação também pode ser a avaliação das leis em termos de riscos, investimentos e necessidade de intervenções para diferentes leis. Se a newgociação está prestes a investir em um país como o Brasil, por exemplo, leis trabalhistas, a segurança e as leis tributárias têm um grande impacto na preparação da decisão de investir. A lei e os costumes sobre interesse próprio, conflitos, tribunais e o tempo que leva para resolver disputas também pode ser de grande importância durante a preparação.

A falta de leis ou a necessidade de leis diferentes sempre influenciam a estratégia de newgociação, como indústrias de lobbies fortes e leis a seu favor para negociar melhores acordos. Consideráveis empresas e sindicatos são conhecidos por usar essa ferramenta de forma bastante contumaz. Nós mantemos o julgamento sobre se isso é ou não ferramenta para aprimorar nosso paradigma de newgociação. Basta dizer que se o objetivo da lei proposta é para o ganha/ganha, então estamos confortáveis com seu uso.

Por último, mas não menos importante, a conformidade legal garante a integridade. O respeito pela lei demonstra disciplina. Integridade e disciplina constroem reputação e marca. Reputação cria confiança e facilita a sustentabilidade. Nós ensinamos e pregamos a vitória/vitória, paradigma em todas as newgociações para os nossos profissionais do setor público.

Nosso nono elemento para a técnica de newgociação é o que geralmente chamamos de padrões ou critérios. Na maior parte, os líderes públicos, generalistas sobre o conhecimento geral, lidam com políticas públicas e administração pública, enquanto para a maioria dos legisladores americanos, advogados por profissão, isso não é necessariamente verdade em níveis municipais. Alguns prefeitos e membros do conselho são advogados, mas, acima de tudo, eles são respeitados membros de suas comunidades, que presumivelmente os elegem em seu nome, identificação e status na comunidade como um indivíduo confiável, com uma boa reputação.

Os profissionais do setor público no nível local poderiam ser advogados, médicos, encanadores, eletricistas, professores; no entanto, em sua maior parte, todos confiam em especialistas para influenciar suas decisões sobre política e administração.

Para a empresa de um amigo em que os profissionais do setor público não têm financeira, os juros podem ser legais, mas não necessariamente aceitáveis para os constituintes dos profissionais do setor público, nos Estados Unidos. E de claro contexto geográfico, como em sua própria casa e bairro, também acrescenta mais uma dimensão do que é normal ou comportamento legalmente aceitável.

Os especialistas consultados podem influenciar as newgociações quando são perguntados, portanto, alguns padrões são necessários para apreciar o valor da experiência fornecida. Padrões são revisados em nossa etapa de preparação e, em seguida, na distribuição de valores, especialmente para ancorar o preço e, finalmente, durante a implementação. Padrões sólidos e confiáveis ajudam nossa newgociação no processo, melhorando os interesses, as alternativas, as opções e as conformidades.

Nós escrevemos algumas páginas aqui para descrever vários exemplos de padrões que influenciam políticas públicas e administração e, portanto, a newgociação.

CRITÉRIOS

O padrão de mercado ou critério é tipicamente a voz do mercado ou das pessoas por meio de pesquisas, estatísticas e mídias. Por exemplo, seria irresponsabilidade negociar a contratação de um novo gestor municipal sem saber o padrão de mercado para um gestor da cidade com, digamos, 10 anos de experiência. Essa norma pode se relacionar com a competência e valor monetário.

Organizações de pesquisa de mercado ou publicações como o *Guia do Consumidor* desenvolveram toda uma ciência sobre o padrão para influenciar os compradores de produtos. No setor financeiro, índices para quase todas as partes concebíveis do mercado de ações influenciam todos os tipos de investidores a participarem na economia. Os investidores, em geral, estão familiarizados com esses índices por meio de fundos de índice e fundos negociados em bolsa que acompanham o desempenho de um determinado índice. Dow Jones Industrial Average, Bolsa de Valores de Nova York, Standard and Poor Financial, Wilshire 5000, Russell 2000, Nasdaq 100 são todos exemplos de índices aceitáveis e respeitáveis. Esses guias e índices são usados como portadores-padrões em newgociações que lidam com os mercados que eles representam.

Como no exemplo, a objetividade do guia do consumidor é da maior importância para ser credível e sustentável na especialização fornecida. Os padrões objetivos do mercado fornecem ferramentas para o nosso processo de newgociação e para os nossos negociadores. Esses padrões enquadram o *"o quê"* e o *"como"* em nosso processo. Eles são a prova da verdade, justiça e neutralidade em nossas discussões para fechar um negócio. Eles também são extremamente úteis para alguns de nossos negociadores, baseados em suas características identificadas ou tipologia que discutimos em um capítulo anterior.

O controlador, por exemplo, vai encontrar claramente conforto nesses padrões. Por outro lado, o visionário provavelmente passará por cima deles exigindo mais sobre o criativo ou o lado *"porquê"* da coluna a ser persuadido na newgociação. Os padrões de contabilidade e gestão também são fundamentais em algumas newgociações. A contabilidade não é uma ciência perfeita, vários resultados podem ser obtidos dependendo de quem e do que faz a contabilidade. Os governos observaram tipicamente como padrão que chamamos de princípios contábeis geralmente aceitos.

Nos Estados Unidos, a frase "contabilidade geralmente aceita princípios" (ou "GAAP") consiste na contabilidade básica, princípios e orientações com regras e normas pormenorizadas pelo órgão federal encarregado de regular o setor. O GAAP é extremamente útil, porque tenta padronizar e regulamentar as definições, premissas e métodos contábeis, trazendo consistência de ano para ano nos métodos usados para preparar demonstrações financeiras de uma empresa pública. O GAAP também é útil nesse contexto para estabelecer um padrão de confiança.

Os padrões de gestão no século XXI são todos sobre a coleta e distribuição de dados por meio de princípios comportamentais que beneficiam e definem uma organização. A tecnologia é uma significativa ferramenta para gerenciar, controlar, influenciar e facilitar as newgociações. Uma organização como o Google está constantemente à procura de dados para personalizar seus produtos e serviços e, presumivelmente, entregar um melhor acordo.

Em nosso paradigma de newgociação, onde a colaboração e governança colaborativa são fundamentais, o padrão de gerenciamento oferece incríveis oportunidades analíticas e práticas para o nosso negociador. Recomendamos enfaticamente o uso desse padrão para agregar valor a qualquer negócio que se beneficie de bons dados. Profissionais do setor público têm um recurso incrível em seus próprios governos, o que é inexplorado na preparação para a maioria das newgociações.

Toque seus dados e análises para preparar de forma eficaz e criar melhor valor para os profissionais do setor público. Basta colocar os governos no banco de dados. Eles sabem o valor da eletricidade e da água que usamos em cada unidade de habitação, por exemplo. Eles têm um registro de nossa propriedade e terra e necessitam de nossas aprovações. Eles sabem que tipos de licenças nós mantemos. Quando usados corretamente, esses dados rendem oportunidades incríveis para colaborar e entregar um negócio melhor.

Em um artigo que Frank publicou com um estudante de doutorado, intitulado *Das Cidades Contratadas à Governança Colaborativa em Massa*, eles destacaram várias inovações colaborativas de bancos de dados que estão se tornando padrões na gestão de municípios e governos. Alguns exemplos de seus artigos incluem a Code for America (CfA), uma organização sem fins lucrativos, que ajudou a cidade de Nova Orleans a identificar propriedades arruinadas após o furacão Katrina. Usando os dados da cidade com uma sofisticada ferramenta de tecnologia GIS, a CfA criou uma ferramenta de rastreamento de restauração para 35.000 propriedades abandonadas.

A Accela, uma organização lucrativa, criou o Civic Insights para projetar uma nova maneira de visualizar o processo de permissão de uso da terra de Palo Alto, para tornar mais fácil e transparente aos candidatos. Tumblr, organização sem fins lucrativos, é uma aceleradora de startups que ajuda empresas em estágio inicial a "desenvolver novos produtos e serviços que melhorem a vida urbana, conectando empresários com financiamento, mentores, líderes cívicos e uma comunidade de pessoas dedicadas ao bem cívico".

Bom trabalho inclui parceria com trabalhadores qualificados nos ofícios com objetivo de formar um grupo denominado "Mãos de trabalho", que cresceu para mais de 5.000 usuários registrados que usam o serviço para encontrar trabalho, bem como construir uma reputação online. Esse padrão de gerenciamento por meio de dados e tecnologias é amplamente usado para defender preço, objetividade, colaboração, justiça e neutralidade em nosso processo de newgociação.

Por último, mas não menos importante, a harmonização de padrões como as normas de contabilidade e gestão fazem parte das newgociações, por exemplo, em discussões multinacionais. Alguns órgãos internacionais usam fusões e aquisições e enfrentam esses tipos de desafios. Como articulado por Fisher e Ury em *Getting to Yes: Negotiating Agreement Without Giving In*, a chave para resolver esses conflitos é focar na objetividade e na adaptação de um padrão que seja justo, equitativo, intencional e lícito.

Esses são desafios que normalmente são superados por especialistas com base em seus conhecimentos e práticas técnicas, incluindo organizações como CfA, Tumblr e outras. Nós encorajamos nossos profissionais do setor público para procurar essas colaborações para governar e negociar. Assim como a conformidade da lei, os padrões também podem se tornar fatores limitantes que enquadram a substância da newgociação. Os negócios de manufatura e logística são altamente regulamentados.

Não conhecendo, portanto, os padrões de emissão promulgados em regulamentação por um distrito de gerenciamento da qualidade do ar para um produto químico, a fábrica ou refinaria pode alterar substancialmente as newgociações sobre a localização de uma planta em um determinado município. Em resumo, colecionar dados, distribuir dados, criar padrões e procedimentos para ajudar a projetar uma estratégia de newgociação e também transmitir confiança ajuda na criação de opções elegantes e bem informadas para negociar melhores ofertas.

TEMPO

> *"Paciência e tempo fazem mais do que força ou paixão".*
> Jean de La Fontaine.

> *"Se você não tem tempo para fazer isso direito, quando você terá tempo para fazer isso?"*
> John Wooden.

> *"Não há segredos que o tempo não revela"*
> Jean Racine.

Nosso último, mas certamente não menos importante, elemento de nossa newgociação é o tempo. O tempo é conhecido por ser uma das principais fontes de conflito, de acordo com muitos estudos. Além disso, o tempo é, talvez, a mercadoria mais subvalorizada no processo de newgociação.

Enquanto newgociação posicional é lenta e ineficiente, o tempo é mal utilizado para fazer as menores concessões para frustrar, dominar e forçar o ganha/perde marginal ou até mesmo o perde/perde armação.

Os eruditos começaram a perceber que uma colaboração com mais abordagem, usando o tempo com sabedoria e com moderação, é a melhor abordagem para newgociação. Uma das primeiras publicações articulando essa abordagem é como chegar ao SIM: Como negociar acordos sem fazer concessões, que citamos anteriormente. Roger Fisher, William Ury e Bruce Patton articulam claramente em seu livro, não para negociar posições, mas para separar as pessoas dos problemas, para se concentrar em interesses, para inventar soluções para problemas usando critérios objetivos para o ganho mútuo. Muitos estudiosos, até hoje, continuam a seguir expandindo esse método, incluindo vários estudiosos que trabalharam com Yann Duzert, para desenvolver newgociações.

Em newgociação, o tempo é importante para descrever a visão ou o "porquê". O tempo é importante para discutir interesses, para criar opções elegantes sem compromisso. Criatividade durante esse processo precisa de tempo. De fato, nossa abordagem colaborativa explicitamente adia todos os compromissos formais ou concessões no final de nosso processo de newgociação.

O tempo é necessário para desenvolver o relacionamento ou construir capital entre os participantes, para explorar opções mutuamente benéficas, para criar e distribuir valor. Robert Mnookin e outros apontam que enquanto a criação e distribuição de valor pode criar uma tensão (quanto valor manter e quanto distribuir), também conhecida como o "dilema do negociador", estudos mostram que por meio do processo colaborativo, os negociadores trabalham por meio de divulgação recíproca de interesses, enquanto surgem opções de debate, sem compromisso

Nosso processo de newgociação merece e requer tempo a cada passo. Nós enfatizamos a importância da preparação ao longo de nossa escrita. Preparação atempada rende com produtividade, criação de valor por meio da discussão de interesses e do debate de opções, sem compromisso. Se nós gastarmos tempo suficiente nessa última etapa, os profissionais do setor público terão uma lista equilibrada de opções prontas para compromisso por meio do valor e processo de distribuição.

Nenhum negócio é bem-sucedido sem implementação, que é o nosso último passo. O tempo nessa etapa é uma faca de dois gumes. Em uma borda há a necessidade de implementar atempadamente para fechar e consumar o acordo. Na outra ponta está a necessidade de implementar adequadamente o acordo forjado pelos negociadores, portanto, a única sabedoria que podemos oferecer aqui é que as datas e horários devem ser definidos para seguir e criar oportunidades para conhecer e discutir implementação tanto quanto possível.

O contato humano regular constrói relações e confiança. Reuniões agendadas com colaboradores do setor público promovem responsabilidade e colaboração. Por outro lado, sentimos que não é aconselhável estabelecer prazos para apressar qualquer processo de newgociação, a despesa de nossas 4 etapas oportunas e necessárias. Enquanto houver risco de menor produtividade, sabemos que a probabilidade de fazer um acordo é maior quando não há prazo. Nós também sabemos que o valor do negócio tende a ser maior quando não há prazo, como as instalações de processos colaborativos, um negócio melhor.

Finalmente, o tempo deve ser avaliado no contexto da cultura. Algumas culturas apreciam e esperam mais tempo na construção de um relacionamento antes de transacionar negócios e outras sentem que eles não têm tempo a perder com qualquer outra relação que não seja o relacionamento comercial para transacionar um acordo. Para ser claro, defendemos uma abordagem equilibrada e atenciosa ao elemento tempo.

Aqui estão algumas sugestões sobre o tratamento do tempo como um elemento importante no processo de newgociação:

Seja paciente;
Seja rápido somente se houver um benefício ganha/ganha na velocidade;
Esteja aberto a prazos de entrega sem abusar da prática;

Esteja atento;
Seja oportuno.

"Uma boa ideia é cerca de dez por cento, e implementação, trabalho árduo e a sorte é de 90%."

Guy Kawasaki.

Importante destacar não somente os dez elementos citados, mas também a fase de implementação contida no capítulo 8, sendo nossa quarta etapa do processo de newgociação. A implementação é definida simplesmente como "o processo de colocar uma decisão ou plano em vigor, execução" ou, como o professor Salacuse chama, "colocar em ação o que os negociadores concordaram em mesa de negociações".

A história está cheia de newgociações difíceis que falharam nesse passo. O mais citado, talvez, seja o acordo de Oslo, de 1993, que negociou a paz entre Israel e a Palestina apenas para falhar em implementação. De acordo com essas definições, a implementação são processos "intencionais". Eles devem ser descritos em detalhes, para que observadores independentes possam executar sem dificuldades. Em nosso processo de newgociação, a implementação se refere à realização das opções distribuídas, acordadas em nosso terceiro passo de distribuição de valor. Na verdade, estamos confiantes em dizer que todos nossos programas de newgociação não têm valor prático sem esse último passo.

As opções elegantes mais negociadas e equilibradas para valor sem a etapa de implementação ou plano são apenas isso: elegantes opções ou planos. Precisamos que nossos negociadores sejam negociadores e que fechem acordo ao mesmo tempo. Enquanto negociadores como Donald Trump, Michael Ovitz e Mark Cuban são reverenciados aos olhos do público em geral, seu comportamento como negociadores é incompatível com os profissionais do setor público. Os criadores de negócios veem sua responsabilidade de ser o contrato ou o negócio. Eles estão menos focados ao longo prazo de execução do negócio, como eles dependem de um grupo de pessoas que escolhem as peças e tentam fazer o negócio funcionar.

Isso não é para rebaixar esses proeminentes negociadores, mas apenas para explicar a mentalidade e, portanto, seu comportamento. Os profissionais do setor público não podem se dar ao luxo de serem apenas fabricantes de negócios. Eles devem ser responsáveis pelo fechamento também. Eles são eleitos para prestar contas de ambos. Eles devem ter em mente levantar questões com antecedência, definir uma comunicação conjunta, estratégia entre todas as partes interessadas e, mais importante, tornar a implementação uma responsabilidade de todos os participantes da newgociação. Em suma, na administração pública, *implementação* é tudo.

VERIFICAÇÃO DE CONHECIMENTO:

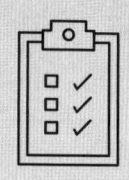

1. O processo da matriz de newgociação complexa começa com a preparação e então a criação de valor. A criação de valor é toda sobre:

    A Começar com o porquê.

    B Começar com o preço.

    C Começar com a concessão.

    D Começar com o produto.

2. A etapa de distribuição de valor é fornecida:

    A Após a etapa de implementação.

    B Antes do passo de preparação.

    C Após o passo de criação de valor.

    D Após o passo de preparação.

3. A etapa de implementação é sobre:

    A Realizar o acordo.

    B Construir um relacionamento.

    C Reduzir a lacuna de percepção.

    D Justificar o preço com os padrões.

4. O elemento de interesse na nossa técnica 4-10-10 é sobre:

    A Definição de preferências, desejos, metas, necessidades de cada participante.

    B Defender firmemente sua posição.

    C Ancorar o preço e pedir ao outro para revelar seu preço.

    D Esconder todos os seus interesses e mantê-os por si mesmo.

★ As respostas detalhadas a todas as perguntas sobre "verificação do conhecimento" e mais podem ser encontradas em Apêndice A, em ordem de cada capítulo.

07

AVALIAÇÃO DA NEWGOCIAÇÃO CONCLUÍDA

> *"A maioria das pessoas gasta mais tempo e energia lidando com problemas do que tentando resolvê-los."*
>
> Henry Ford

Nosso paradigma de Newgociação não tem valor se não formos capazes de implementar o que negociamos ou aprender com todo o processo. Esses indicadores são usados para avaliar um acordo inteiro e, talvez mais importante, a sua implementação. Essa etapa possui valor intrínseco, intra e extraorganizacional para um relacionamento sustentável. Especialmente para nossos profissionais do setor público, a confiança e os relacionamentos são valiosos demais para serem desperdiçados. A maioria de nossos profissionais do setor público não negocia um acordo, mas uma série de acordos e, muitas vezes, com as mesmas partes interessadas. Então, criamos *10 critérios* para avaliar nosso processo de newgociação e completar nossa *técnica 4–10–10 para o newgotiation*.

1. SATISFAÇÃO E OTIMIZAÇÃO

Concluir ou fechar um acordo já é um sucesso, uma vez que apenas 30% de todas as newgociações são concluídas em um acordo. Nosso paradigma de newgociação melhora exponencialmente essa porcentagem, mas estamos sempre buscando o melhor. Perguntamo-nos, portanto, se estamos felizes ou satisfeitos em fechar esse negócio? Essa é uma vitória/vitória completa? Cada passo é produtivo agora ou no futuro? Há algum arrependimento? O que poderíamos ter feito para otimizar cada etapa? Mais preparação foi necessária? Como obter mais dados? Ou mais ou diferentes especialistas? Perdemos alguma das partes interessadas? Ou não conseguimos avaliar adequadamente o seu participante? É talvez a **BATNA** subestimada? É o movimento muito rápido para valorizar a distribuição? Foi necessário mais tempo para implementação? Apenas uma avaliação completa do nosso processo pode otimizar os resultados para esse e futuros relacionamentos de newgociação nos profissionais do setor público.

2. RACIONALIDADE DA DECISÃO

O resultado dessa newgociação é racional? As opções se correlacionaram com os interesses? Resolvemos os problemas que ouvimos dos participantes? Existem consequências não intencionais que podem precisar de ajustes na implementação? Como podemos mitigar consequências não intencionais para o futuro?

3. EMOÇÃO

Como nos sentimos no final desta negociação? Ainda há emoções destrutivas como resultado do longo e árduo processo de distribuição de valores? Um lado admitiu muito mais do que o outro, criando um acordo e um desequilíbrio emocional? Ainda somos amados ou respeitados após o fechamento? Qual é a nossa reputação provável após esta newgociação? Como nos sentiríamos em sua posição? E, mais importante, vamos voltar para outro acordo? Os profissionais do setor público não têm o luxo de pegar e sair para outro mercado ou comunidade. Eles devem forjar um relacionamento que perdure. Mais importante, eles devem ser negociadores confiáveis para poderem estabelecer uma marca, uma reputação confiável hoje e amanhã.

4. ÉTICA/IMPARCIALIDADE

Como lidamos com o interesse próprio? Alguém mentiu ou enganou? Nós éramos justos? Nossas soluções foram indiscriminadas? Nós lidamos uns com os outros com respeito e senso de justiça? Nós usamos estereótipos? Construímos confiança e integridade para criar uma boa reputação para outro acordo?

5. JUSTIÇA/CONFORMIDADE LEGAL

Foi o negócio apenas? Houve algum risco em não aderir ao estado de direito? Todos tinham autoridade ou legitimidade? Prometemos qualquer coisa que não pudéssemos entregar legalmente? Nós nos abrimos para a responsabilidade legal? Existe algum risco de ações judiciais pós-contrato? Os advogados estão satisfeitos? Qual é o nosso plano legal daqui para frente? Uma palavra de cautela aqui: nem tudo que é legal é justo e nem tudo é necessariamente legal. Aumento dos preços dos produtos farmacêuticos pode ser legal, mas é apenas para uma comunidade financeiramente vulnerável que pode precisar da droga? Protestar durante o movimento pelos direitos civis pode ter violado a lei, mas ninguém vai alegar que tal protesto não foi justo.

6. PRODUTIVIDADE

Fomos produtivos dada a alocação de tempo? Qual é a velocidade média de um acordo semelhante? Nós fomos muito rápidos ou lentos? O que poderíamos ter feito para melhorar nossa produtividade? Empresas como a Pfizer conseguiram aumentar a produtividade em 25% apenas melhorando a colaboração entre os departamentos e as boas práticas de ergonomia. Outros usaram a tecnologia para melhorar seus processos, como a cidade de Palo Alto ou Nova Orleans, em decisões de uso da terra ou implementações. Essa é uma área de oportunidades contínuas no setor público, usando dados e análises.

7. RESPONSABILIDADE SOCIAL / SUSTENTABILIDADE AMBIENTAL

Como essa newgociação afetará a comunidade ou a organização em cinco ou dez anos? Qual será o impacto na política pública ou administração? Nossos resultados são sustentáveis? Somos bons administradores do meio ambiente? Estamos sendo responsáveis com as gerações futuras? Estamos criando fontes de prosperidade e desenvolvimento com base em mudanças demográficas? Os os jovens adultos no início dos anos 2000 são bons facilitadores e consumidores de todas essas responsabilidades. Nós incorporamos a juventude em nossas decisões? Uma abordagem equilibrada aqui, incorporando ação econômica, ação comunitária e ação ambiental é o que estamos buscando neste critério. A Comissão Mundial sobre Meio Ambiente e Desenvolvimento das Nações Unidas definiu isso como "desenvolvimento que atende às necessidades do presente sem comprometer a capacidade das gerações futuras de atender suas próprias necessidades". O desenvolvimento sustentável emergiu, na verdade, como o princípio norteador de longo prazo, desenvolvimento global a longo prazo.

8. CONTROLE E EXECUÇÃO

Quando a newgociação estiver concluída, o documento legal ou contrato é assinado. A próxima pergunta é a prontidão operacional para iniciar a implementação. Temos certeza de que o que foi dito ou acordado será feito? Existe alguma consequência por atraso? Deveria ter havido mais consequências? Existe uma penalidade em caso de atraso no pagamento ou atraso na entrega do produto ou serviço? Ou há um bônus para entrega antecipada? Existe uma cláusula de confidencialidade para proteger a propriedade intelectual? E existe uma penalidade apropriada no caso de divulgação não autorizada? Temos certeza de que o projeto é totalmente financiado? Existe uma parte interessada em falta que pode parar o projeto?

9. ADAPTABILIDADE PARA PÓS-LIQUIDAÇÃO

Em caso de mudança em uma taxa de câmbio, por exemplo, existe uma cláusula para mitigar o risco de conflito? Todas as expectativas estão incluídas no contrato? No caso de uma das partes morrer ou pedir falência, como lidamos com tal eventualidade? Existem cartas de créditos ou títulos de desempenho? O contrato contém um mecanismo de nomeação de um mediador em caso de conflito? Caso o mediador não resolva a disputa, existe uma cláusula de arbitragem? Qual país ou estado terá jurisdição para ouvir o assunto no caso de litígio? Existe seguro cobrindo a implementação ou a falta dela? Existe um mecanismo de supervisão para garantir o sucesso a longo prazo? O gerenciamento de expectativas é um dos melhores meios para evitar conflitos. Aprender e praticar essas boas medidas nos fará negociadores realizados.

10. NORMAS TÉCNICAS

Nossos especialistas estavam corretos quanto aos padrões técnicos? Aqui estamos discutindo padrões técnicos, tais como princípios contábeis geralmente aceitos (GAAP) ou Sociedade Americana de Engenheiros Mecânicos (ASME) ou padrões mínimos da Comissão Europeia para consultas públicas, para citar alguns. Nós os avaliamos corretamente? Levamos em consideração possíveis mudanças na lei ou nos regulamentos sobre os padrões técnicos? Dados técnicos asseguram as personalizações das opções? Cumprimos as expectativas das partes com requisitos técnicos? Existe um suprimento de peças tecnicamente necessárias? A compra futura é facilitada pelas normas técnicas do contrato? Temos vantagem competitiva aqui? O risco é gerenciado? A maioria das empresas ganha dinheiro comprando bem e mitigando riscos. Por exemplo, a ExxonMobil, a maior companhia de petróleo e a terceira maior empresa do mundo, cria valor reduzindo cautelosamente os custos e avaliando adequadamente o risco que gerencia. A arte da newgociação é sobre o respeito aos padrões técnicos, a mitigação de riscos e o uso de especialistas para obter melhor valor de cada vez.

VERIFICAÇÃO DE CONHECIMENTO:

1. A etapa de implementação é sobre:
   - **A** Realizar o acordo.
   - **B** Construir um relacionamento.
   - **C** Reduzir a lacuna de percepção.
   - **D** Justificar o preço com padrões.

2. O elemento poder na newgociação é destrutivo quando envolve:
   - **A** Evitar conflitos.
   - **B** Sexo, dinheiro ou ego.
   - **C** Imagem na mídia.
   - **D** Relações Institucionais.

* As respostas detalhadas a todas as perguntas sobre "verificação do conhecimento" e mais podem ser encontradas em Apêndice A, em ordem de cada capítulo.

Newgociação na Prática

"A maioria das pessoas não escutam com a intenção de entender; elas ouvem com a intenção de responder."

Stephen R. Covey

ETAPAS

- ***Etapa 1: preparação*** — começamos avaliando o contexto em que estamos conduzindo nossa newgociação.

- ***Etapa 2: criação de valor*** — muitos desprezam a newgociação porque ela é muito competitiva e tipicamente distributiva, também conhecida como uma newgociação de emissão única.

- **Etapa 3: distribuição de valor** — *é aqui que nós vamos expor e justificar o nosso marcador ou preço por meio de concessões justas e recíprocas de opções baseadas em interesses.*

- **Etapa 4: implementação** — *uma vez que o valor é distribuído de maneira justa, o quarto passo é seguir adiante com a implementação. O sucesso dos nossos primeiros três passos produz grandes resultados nesse último passo.*

Newgociação é uma mentalidade para avaliar os desafios e oportunidades disponíveis para as partes negociadoras. É uma cultura de aprendizado coletivo para realizar um negócio melhor. Toda organização pode agregar a grandeza pela colaboração, que descrevemos neste livro como a abordagem ganha/ganha ou, em oposição à concorrência, que produz precisamente o resultado que é estruturado para render para uma pessoa ganhando e a outra perdendo. A concorrência é boa por um melhor preço ou produto e inovação, mas nunca como um princípio orientador no início de qualquer newgociação.

A competição no começo destrói ou até ignora nossa etapa mais importante de criação de valor em nosso processo de 4 etapas de newgociação. De forma alguma este guia será com perguntas exaustivas ou completas. Cada newgociação é única e é certo gerar seu próprio conjunto de perguntas para cada etapa e elemento que enumeraremos a partir de agora.

ETAPA 1 – PREPARAÇÃO

Começamos avaliando o contexto em que estamos conduzindo nossa newgociação. Então, por exemplo, se o negócio é sobre uma nova tempestade, projeto de água, as primeiras perguntas são: por que estamos negociando? Este novo projeto de águas pluviais será para beneficiar toda a comunidade ou até a região? Quem está negociando? O que precisamos? Nós os conhecemos? Se o projeto envolve a região, podemos trazer nossas cidades vizinhas para a discussão? Como eles se encaixam no "porquê"? Como é o ambiente? Qual é a condição da infraestrutura existente de drenagem de águas pluviais? Onde nós negociamos?

É nossa cidade ou a cidade vizinha a localidade certa? O que são os prós e contras? Existe algum custo para análise de benefícios disponível? Em seguida, nesta etapa e em nossa hipotética água pluvial, o exemplo de projeto é a revisão de interesses. Quais são os nossos interesses e os interesses da nossa cidade vizinha? Sobre o que os interesses da região? E os interesses de outras cidades na região? E os interesses dos nossos constituintes, grupos, partes interessadas ou interesses especiais? Quais interesses são compartilhados e quais estão em conflito? O que podemos fazer ou quem pode se envolver para resolver conflitos?

E quanto à nossa **BATNA?** Sobre o quê deles? Como pretendemos usar nossa **BATNA?** Quais as opções para resolver alguns dos problemas identificados nos interesses? O que pode satisfazer a cidade vizinha, todas as outras cidades ou a região como um todo? A colaboração pode adicionar valor? Quais são os benefícios de cada participante para a newgociação? Existe uma opção que nos une em oposição à que nos divide? Ou existe uma missão comum?

Colaboração é um processo voluntário, então quais são os incentivos de cada participante? Em nossa visão hipotética, é a missão comum de cumprir com a água através de mandatos de qualidade? Ou é sobre um preço melhor para todos? Esse é o elemento onde as opções são criadas para abordar vários interesses.

Criatividade e pensamento, diferentemente, agregam valor para o propósito de distribuição de valor mais tarde. Como minimizamos os efeitos negativos do poder de dinheiro, ego, manipulação e deturpação? Precisamos de um facilitador com capital social? Como forjar confiança, integridade, elegância e o projeto? Aqui, com a distinção crucial de qualquer outro setor, o negociador do setor público considera os benefícios de todas as suas constituintes e não apenas alguns interesses especiais.

Para soluções de problemas em sua comunidade, Frank rotineiramente diz: "Eu sou eleito para representar todos os moradores da minha comunidade, não apenas os que discutem o problema em nossas câmaras do conselho". Com exceção de cidades muito grandes, felizmente o poder da política ou os interesses especiais desempenham um papel muito pequeno no público municipal da administração na Califórnia.

O próximo elemento é o valor da comunicação. O que aprendemos em nossa própria preparação conversando entre nós? Como queremos transmitir a importância deste projeto de água? O que queremos aprender com nossos colegas de newgociação? E com os vizinhos de cidades? Como saber sobre representantes da região? Por que eles deveriam nos escutar? E como podemos ouvir melhor? Nós usamos o poder ou outros meios de comunicação para nos comunicar?

Nós nos comunicamos por meio de intermediários? Como resolvemos os desacordos em nossos comunicados? Como nos comunicamos e usamos todas as partes interessadas como agentes de mudança? Aqui a narrativa é muito importante, quanto mais alinhamos interesses e valores, mais eficaz nossa estratégia de comunicação é.

A importância dos relacionamentos é primordial. Como é o nosso relacionamento com a cidade vizinha? E sobre outras cidades ou regiões? Quais relacionamentos são importantes para nós e para o grupo que está negociando? Como podemos imaginar nossos relacionamentos em todo o processo desta newgociação para o projeto de água?

Como nós previamente discutimos, uma revisão completa das partes interessadas é crítica. Isso é importante porque queremos saber quem convidar para a discussão e quem designar para criar a mais elegante opção.

O cumprimento da lei e do estado de direito é significativo para saber se temos um projeto legal. O que é lei aplicável? Existem conflitos de leis? A lei é resolvida? Temos autoridade para entrar no acordo proposto? O que várias partes interessadas argumentarão? Elas têm autoridade para agir? O assunto é legal para a entidade pública que nos representa? Precisamos de uma nova lei para facilitar o nosso projeto? Por exemplo, na newgociação para eleger o governador George Deukmejian Court House, Long Beach, Califórnia, precisávamos de uma nova lei para facilitar a metodologia da parceria público-privada, com finalidade de projetar, construir, financiar, operar e manter a instalação. Sem a nova lei, o Estado não teria autoridade para usar a metodologia, uma vez que se limitava à contratação pública e de leis de aquisição.

Em seguida, há a aplicação de normas. Quais critérios externos ou padrões podemos usar? Quais padrões eles podem usar? Qual padrão deve reger o tema substantivo do acordo? Esses padrões são confiáveis quando aplicados objetivamente? São eles amplamente conhecidos ou aceitos? Eles são técnicos na natureza que exigem um facilitador especialista? Qual padrão um juiz aplicará no evento dos litígios?

Enquanto se prepara para a etapa de distribuição de valor, contemplar potenciais concessões é primordial para obter um maior grau de sucesso e fechar um bom negócio. Quais interesses e opções nós estamos dispostos a conceder em um acordo? O que eles podem admitir? Temos opções suficientes para que qualquer concessão possa ser equilibrada? Como sugerimos anteriormente, o equilíbrio na distribuição de valor é crítico para o sucesso de qualquer quadro ganha/ganha.

O velho ditado de "tempo é tudo" é muito verdadeiro em nosso paradigma de newgociação. O tempo também é um elemento muito importante dadas as suas próprias complexidades que discutimos anteriormente, portanto, é nossa cronometragem correta na discussão desse tópico? Já passamos tempo suficiente para nos prepararmos? Temos tempo suficiente para discutir os aspectos técnicos deste projeto de água com os especialistas apropriados e as partes interessadas para chegar a um acordo produtivo? E nós temos tempo suficiente para implementar?

ETAPA 2 – CRIAÇÃO DE VALOR

Muitos desprezam a newgociação porque é muito competitiva e tipicamente distributiva, também conhecida como newgociação de emissão única. Em uma newgociação integrativa ou criação de valor de newgociação, enquanto as paridades competem por valores, elas integram várias fontes de valores para um negócio melhor. Esse é o passo "porquê" e fundamentalmente importante para o sucesso ou fracasso da newgociação.

Este é o momento da criatividade, inovação e descrição. As perguntas que apresentamos anteriormente em nossa preparação, passo a passo em relação a interesses, opções, poder, comunicação e relacionamento, todas se aplicam aqui. É aqui que se deve escutar e debater sem compromisso o que realmente importa.

Quanto melhor o valor para todos os participantes em nosso exemplo do projeto de águas pluviais em várias jurisdições, melhores serão as opções para possíveis distribuições em nossa próxima etapa de newgociação. Claro, equilibrar a distribuição de valor melhora significativamente o resultado.

O valor na criação ocorre melhor quando capitalizamos as diferenças para criar oportunidades, quando perguntamos e compartilhamos perguntas e negociamos vários problemas simultaneamente.

ETAPA 3 – DISTRIBUIÇÃO DE VALOR

Nesta etapa, todos os interesses que foram explorados e todas as opções que foram inventadas na etapa anterior estão prontas para serem comprometidas. É aqui que expomos e justificamos nosso marcador ou preço, por meio de concessões justas e recíprocas de opções baseadas em interesses. Em nosso exemplo de projeto de águas pluviais, estabelecemos preço do projeto e a fórmula, talvez, para pagamento por cada cidade envolvida na região.

Este passo está teoricamente em desacordo com a nossa etapa anterior de criação de valor, mas com opções suficientes nós superamos qualquer distribuição injusta ou ganha/perde. Mais uma vez, perguntas que apresentamos anteriormente em nossa etapa de preparação com respeito aos elementos de poder, comunicação, relacionamento, concessão e os padrões todos se aplicam aqui. É importante reconhecer custos e trocas de benefícios enquanto se seleciona sempre a imagem de maior valor para o acordo geral.

ETAPA 4 – IMPLEMENTAÇÃO

Uma vez que o valor é distribuído de forma justa, o 4º passo é sobre seguir por meio da implementação. O sucesso dos nossos primeiros 3 passos produzem ótimos resultados nesta última etapa. Para evitar a repetição, simplesmente notamos que as mesmas perguntas que apresentamos em nossa etapa de preparação, discussão anterior com respeito à comunicação, relacionamento, concessão, estado de direito, normas e tempo aplicam-se à etapa de implementação.

Em conclusão, newgociação, na prática, constrói o que nós esperamos ser uma norma global unificadora e linguagem com conexão para negociar um acordo melhor. A administração pública tem, há muito tempo, focado na administração interna, conflitos internos e soluções internas para esses conflitos. Nosso paradigma e processo é promover a cultura de compartilhamento e colaboração para melhor entrega de administração pública, privada e sem fins lucrativos. Organizações e instituições modernas estão introduzindo essas novas maneiras de aprender ou negociar, completamente focadas em colaboração ou "valor compartilhado".

Não estamos sozinhos na promoção do conceito de compartilhamento de valor, na verdade, não estamos surpresos de ler no Harvard Business Review "a solução está no princípio do valor compartilhado, que envolve a criação de valor econômico, de uma forma que também cria valor para a sociedade, abordando suas necessidades e desafios. As empresas devem reconectar o sucesso da empresa com o progresso social. O valor compartilhado é responsabilidade social, filantropia ou mesmo sustentabilidade, uma nova maneira de alcançar o sucesso econômico."

Nosso paradigma de newgociação tem tudo a ver com alinhamento de interesses e partilha de valor, não porque projeta fraqueza ou é politicamente correto, mas porque nossa pesquisa e prática mostram que nos ajuda a entregar o melhor negócio. Por fim, nossa quarta e última etapa coloca uma grande ênfase na implementação ou no seguimento do acordo negociado. A administração pública em todo o mundo não consegue colocar igual peso no planejamento e na implementação. O desafio do setor público como um todo é alinhar a decisão de curto prazo e fazer com visão de longo prazo prescrito com a devida execução ou implementação para alcançar a visão.

Nossa newgociação no processo traz uma nova mentalidade para a administração pública, aprendendo a preparar, criar, praticar, compartilhar, inovar e implementar. Esse processo mais deliberado e planejado se alinha com planejamento estratégico e literaturas de liderança.

VERIFICAÇÃO DE CONHECIMENTO:

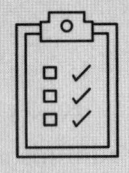

1. O passo de distribuição de valor é um momento para:
   - **A** Criar opções sem compromisso.
   - **B** Usar padrões para justificar preço ou compromisso.
   - **C** Construir um relacionamento.
   - **D** Falar sobre o contexto.

2. A etapa de criação de valor é sobre:
   - **A** Debate sem críticas para procurar soluções viáveis.
   - **B** Newgociação sobre as concessões.
   - **C** Falar sobre o cumprimento da lei.
   - **D** Falar sobre padrões específicos.

3. A criação de valor é sobre:
   - **A** Mostrar seu poder para impressionar o outro.
   - **B** Enquadrar o problema e os interesses em colaboração com o de outros.
   - **C** Impor prazos.
   - **D** Definir penalidades se o outro não respeitar o acordo.

* As respostas detalhadas a todas as perguntas sobre "verificação do conhecimento" e mais podem ser encontradas em Apêndice A, em ordem de cada capítulo.

Papel da liderança em nossa Prática de Newgociação

"Suponho que liderança alguma vez significou músculos, mas hoje isso significa ficar junto com as pessoas."

Mahatma Gandhi

"Um líder genuíno não é um buscador de consenso, mas um modelador de consenso."

Martin Luther King Jr.

"A administração está fazendo as coisas direito; liderança está fazendo as coisas certas."

Peter Drucker

"A liderança está resolvendo problemas, o dia em que os soldados param de trazer a você problemas e o dia em que você para de liderá-los. Eles perderam confiança de que você pode ajudá-los ou concluíram que não se importa com eles. Qualquer um dos casos é um fracasso de liderança."

Colin Powell

Acreditamos que nossos profissionais do setor público já estão predispostos a executar o que tentamos transmitir neste livro para a newgociação. Eles são inovadores e originais confiados por suas comunidades. Eles são tipicamente eleitos ou nomeados com base em sua reputação e marca para fazer o que é certo. Eles não são simplesmente gerentes, mas líderes. Steve Jobs disse uma vez "a gestão é de persuadir pessoas a fazer coisas que não querem fazer, enquanto a liderança é sobre inspirar as pessoas a fazer coisas que nunca pensaram que poderiam."

Collin Powell escreveu "liderança é a arte de realizar mais do que a ciência da administração diz que é possível." Nem todo gerente é um líder. Enquanto os gerentes são motivacionais, mecânicos e preocupados com produtos; líderes são inspiradores, persuasivos, criativos e preocupados com pessoas. Os gerentes administram, aceitam e mantêm o "status quo" enquanto se concentram no "como" e "quando". Líderes, por outro lado, inovam, desenvolvem, desafiam o processo com foco no "porquê" e "o quê". Os gerentes fazem as coisas direito. Líderes inspiram a fazer a coisa certa.

Nosso paradigma de newgociação toma emprestado extensivamente da literatura e prática de liderança global, e mais especificamente da literatura de publicações facilitadoras, compartilhadas e liderança apreciativa. Nosso falecido colega professor Bennis previu corretamente que a liderança "se tornará um processo cada vez mais complexo de corretora multilateral". Nossos colegas Robert e Janet Denhardt sugerem que a liderança compartilhada "gera soluções mais eficazes em um mundo acelerado e em rápida mudança".

Como é o caso no paradigma de governança colaborativa, os problemas complexos de hoje exigem mais do que um setor ou um gestor para trata-los ou resolvê-los. Precisamos de líderes e liderança para criar e distribuir valor. Os líderes vêm em todos os tamanhos, formas, cores, religiões e gêneros. Liderança é autossuficiente. Na verdade, a maioria dos líderes são feitos por circunstâncias e nascem de desafios e não de uma família particular ou mesmo para a realeza.

Os famosos Warren e Bennis diziam "o mito de liderança mais perigoso é que líderes nascem, existe um fator genético para a liderança. Esse mito afirma que as pessoas simplesmente têm certas qualidades carismáticas ou não. Isso é um absurdo: na verdade, o oposto é verdadeiro. Líderes são feitos em vez de nascer". Desenvolver líderes é dar-lhes as ferramentas para se ajudarem a enfrentar o desafio da liderança.

Diana Whitney, a autora do livro *The Power Of Appreciative Inquiry*, escreveu: "As cinco práticas de liderança apreciativa são altamente congruentes com o sucesso e planejamento participativo. Elas podem ser resumidas como: inclusão, investigação, iluminação, inspiração e integridade". Dra. Whitney, em seu livro, promove "diálogo inclusivo entre as partes interessadas, investigação colaborativa e planejamento participativo", todas as noções que abraçamos em nosso paradigma de newgociação. Nossa preparação e etapas de criação de valor das partes interessadas promovem o diálogo, a integração e a colaboração.

O livro vencedor do prêmio Pulitzer, de James MacGregor Burns, *Liderança*, conceituou liderança em termos de valores e transformação. O crescente interesse pela literatura de liderança mudou de "poder" no centro, para a importância de "propósito" ou, como previamente articulamos em nossas etapas de criação de valor da newgociação, como o "porquê". Burns argumenta que o elemento central na relação entre líderes e seguidores é, na verdade, propósito. Líderes conseguem quando seu propósito se alinha com o propósito de seus seguidores. Bons líderes e negociadores descrevem o "porquê" de forma tão eloquente que as pessoas seguem ou alinham.

Quando perguntamos ao nosso colega e mentor, professor Chet Newland, ex-assessor político do presidente Lyndon B. Johnson, o que os líderes de sucesso fazem mais? Ele disse: "Obtenha ajuda e dê ajuda". Obtenha ajuda de especialistas no assunto, especialistas em políticas e líderes em seus próprios direitos. Então dê ajuda com exemplos de liderança ao modelar o caminho inspirando, desafiando, capacitando e encorajando os outros.

Nós pensamos que nossos protótipos de negociadores são líderes de sucesso. Eles recebem ajuda de especialistas e funcionários para estabelecer princípios e parâmetros relativos ao modo de governar. Espera-se que os constituintes, colegas e clientes ajudem, criando padrões de excelência e dando exemplo para os outros seguirem. Eles imaginam o futuro criando uma imagem ideal e única do que pode ser. Eles vão ajudar inovando e desafiando o "status quo".

Liderança está além da autoridade. Um bom líder fornece uma orientação com a visão de esperança, paixão, integridade e curiosidade, e não com medo de correr riscos. Robert Kennedy disse que "apenas aqueles que ousam fracassar grandemente podem conseguir muito."

Finalmente, o famoso corredor Mario Andretti resumiu melhor: "se as coisas parecem sob controle, você não está indo rápido o suficiente." Nós pedimos aos nossos profissionais do setor público, os negociadores, que se empenhem em escutar, em assumir riscos calculados, em discernir e agir com rigor, disciplina, responsabilidade e transparência para todos ganharem. Nós pedimos a eles para colaborarem com respeito mútuo para sustentar esforços extraordinários, criando confiança e dignidade humana. Nós os encorajamos a compartilharem recompensas de esforços colaborativos para celebrar realizações.

A pedagogia da liderança sustentável é consistente com os nossos elementos em nossa técnica. Líderes possuem consciência de contexto, reconhecimento de interesse e criação de valor com opções. Eles usam poder razoável para comunicarem e forjarem relações duradouras, construídas na confiança. Notamos que vários livros foram escritos com esses tópicos, incluindo o popular livro de Steven R. Covey sobre os hábitos de pessoas eficazes na liderança.

Se nossos leitores reconhecerem aqui nossas descrições prévias de facilitadores e visionários, não é por coincidência. Também não é uma coincidência observar que essas características dos líderes iluminem nosso processo de 4 etapas e configurem perfeitamente a newgociação. Finalmente, não é uma coincidência que a newgociação e os elementos (comunicação e relacionamento) sejam aplicáveis a todos os passos da nossa técnica de newgociação e sejam ancorados por essas características, incluindo visão, escuta, inovação e construção de confiança.

Nós discutimos anteriormente o papel da colaboração da governança no século XXI. Por necessidade e temperamento, nossos futuros líderes, jovens adultos de hoje, já estão tomando decisões por meio de colaboração. Parcerias intra e intersetoriais estão sendo forjadas para fornecer um produto ou serviço melhor e mais eficiente. Tudo isso enquanto a diversidade de perspectivas, cultura e talento estão se expandindo. Para alcançar melhores resultados com a colaboração, facilitadores e visionários estão substituindo autoritários e controladores.

A essência da liderança facilitadora é um conjunto de habilidades já familiar aos nossos negociadores e profissionais do setor público. Por exemplo, negociadores de sucesso e profissionais do setor público já ouvem ativamente, parafraseiam, resumem, refletem e questionam para incentivar e gerar discussões participativas com seus constituintes. Eles fizeram perguntas mais poderosas e estratégicas para estimular, pensando por debates em reuniões públicas organizadas para alcançar uma ampla gama de metas e objetivos. Essas são habilidades necessárias para criar valor.

Encontramos muitos exemplos bem-sucedidos de tais reuniões no domínio público com o que muitos chamam de "primeiro olhar" para um projeto, para avaliar as possibilidades. Exemplos incluem um "primeiro olhar" para um futuro orçamento municipal ou direitos de uso da terra, para um projeto ou até mesmo reuniões da prefeitura para moldar a política e os profissionais do setor público. Os facilitadores já consideram alternativas, perspectivas e opiniões contrastantes para uma decisão informada, porque eles sabem que o reforço da capacidade coletiva não apenas incentiva a aprendizagem em conjunto, mas também auxilia os apostadores coletivos a tomarem uma decisão. Novamente, isso reflete nossa criação e valor, etapas de distribuição do nosso paradigma de newgociação.

Profissionais do setor público e facilitadores fornecem orientação sem controlar o caminho. Eles estão convencidos de que cada pessoa participando do diálogo está segurando uma peça do quebra-cabeça. Os profissionais do setor público estão comprometidos em moldar coletivamente o "porquê" sabendo que melhora a compra de seus constituintes e melhora substancialmente as chances de criação de valor persuasivo e distribuição de valor para a comunidade em geral. Sem dúvida, a habilidade de um líder facilitador é de fornecer ferramentas maravilhosas para praticar a nossa técnica de newgociação 4–10–10.

Dra. Whitney, em seu livro *Liderança Apreciativa* define como "uma filosofia, um modo de ser e um conjunto de estratégias que dão origem a práticas aplicáveis a todas as indústrias, setores e arenas de ação colaborativa". Ela discute o poder de ser positivo para pôr em movimento ondas positivas de confiança, energia, entusiasmo e desempenho, para fazer uma diferença positiva no nosso processo de 4 etapas. Contempla precisamente o poder do positivo para ancorar um melhor resultado. Por meio de relacionamentos positivos, conversas, inclusões e colaborações, seremos capazes de alcançar o verdadeiro significado do "porquê" para todos os participantes, o que leva a negociações melhores e mais frutíferas.

Nosso falecido colega Warren Bennis escreveu: "A liderança é a capacidade de transformar a visão em realidade". O filósofo francês Alexis de Tocqueville observou, há mais de 160 anos atrás: "americanos parecem ter um gênio para ação coletiva". A julgar pela história, nem estavam errados. Stephen Covey chamou esse hábito de "inspirar uma visão compartilhada".

Os líderes acreditam apaixonadamente que podem fazer diferença. Eles visualizam o futuro criando uma ideal e singular imagem do que podemos nos tornar. Eles respiram vida em suas visões para nos fazer ver as possibilidades. Por meio do seu magnetismo e uso de metáforas simples, os líderes pedem que outros participem de seus sonhos.

Martin Luther King Jr., ativista norte-americano que lutou contra a discriminação racial e que ficou conhecido através do "boicote aos ônibus de Montgomery", tornou-se um dos mais importantes líderes dos movimentos pelos direitos civis dos negros nos Estados Unidos; dizia: "eu tenho um sonho, o sonho de ver meus filhos julgados por sua personalidade, não pela cor de sua pele". Discurso dos sonhos, que ilustra muito bem esse ponto.

Quando os legisladores da nossa República escreveram as magníficas palavras da Constituição e da Declaração de Independência, eles estavam assinando uma nota promissória para a qual todo americano teria que ser beneficiado. Essa nota foi uma promessa que a todos os homens, sim, homens negros, bem como homens brancos, estariam garantidos os "direitos inalienáveis" de "vida, liberdade e a busca da felicidade".

É óbvio, hoje, que a América não cumpriu essa nota promissória, na medida em que ela e os cidadãos de cor estão em causa. Em vez de honrar essa sagrada obrigação, a América deu ao povo negro um cheque sem fundos e que voltou marcado com "fundos insuficientes". Mas nos recusamos a acreditar que o banco da justiça é falido. Nós nos recusamos a acreditar que há fundos insuficientes às grandes oportunidade dessa nação.

E assim, nós viemos para descontar esse cheque, um cheque que nos dará a demanda de riquezas, da liberdade e da segurança da justiça. A simplicidade da falência moral e um cheque sem fundo como conceito deram origem ao debate sobre discriminação racial. King, o sonho foi compartilhado pelo povo americano, que apoiou e passou a ter a Lei dos Direitos Civis de 1964.

Todas as visões como projetos "que colocam um impacto no Universo", de acordo com Steve Jobs, foram realizadas por meio da liderança e ação coletiva ou colaborações como Macintosh (Apple), Disney na criação de Mickey, Minnie e amigos, o Projeto Manhattan com a produção da bomba atômica, Hewlett Packard (HP) e Star Wars, o filme. A cultura e estilo da nossa newgociação são precisamente baseados em colaboração, valores compartilhados, experiências e aprendizado.

Nossos negociadores, como facilitadores e curadores, criam oportunidades para as pessoas se unirem. Eles promovem holística, formas sistêmicas, conectivas e ecológicas de desenvolver uma forma de aprender juntos. Eles estão abertos para mudar, mas eles conectam a mudança para seus valores fundamentais. Não esperamos nada menos de nossos profissionais da administração pública hoje. São lembrados pelas lições de um pastor, liderando sua congregação em um bairro de transição demográfica. Anciãos da congregação temendo a nova mistura étnica empurrada para trás na mudança e na admissão de novos membros para a igreja.

Quando perguntado ao pastor por que devemos aceitar novos membros que são etnicamente diversos de nós, ele, pensando como um verdadeiro líder e negociador, respondeu fazendo 3 perguntas para poder enquadrar sua resposta (é tudo sobre o quadro). Primeiro, ele disse: "o que o Novo Testamento diz sobre a fé e as raças cristãs e as relações? O que Jesus diria sobre o assunto? É isso a sua igreja?" As perguntas do pastor revelam claramente a capacidade de liderar a mudança por meio dos valores fundamentais. Nesse caso, os valores fundamentais da sua fé cristã e da congregação.

Nós dois lecionamos em programas executivos projetados para os primeiros correspondentes, bem como oficiais militares. Frank ensina regularmente no Ministério da Defesa e nas Universidades Militares da República da Armênia. Aí enfatizamos a mudança por meio de valores, especialmente dado que essas organizações se orgulham de valores organizacionais. Interesses e valores compartilhados são a marca registrada dessas organizações.

O Exército dos Estados Unidos ensina liderança separando atributos de liderança de competências de liderança. O primeiro atributo de um líder no topo do gráfico é personagem (pessoa que é objeto de atenção por suas qualidades). O Exército define caráter como "valores do Exército", empatia, serviço, disciplina e "ethos guerreiro" (destruição do outro como forma de se impor). Discutimos em nosso paradigma de newgociação a importância da empatia, serviço e colaboração orientada para o valor em concretizar um melhor negócio.

O segundo atributo valoriza a presença de um oficial militar, incluindo sua aptidão, confiança e resiliência. O intelecto, ou agilidade mental, julgamento e perícia representa o terceiro atributo de um líder. Nós usamos todos esses atributos em nosso processo de newgociação.

As competências descritas pelo Exército incluem liderança, desenvolvimento e realização. Não muito diferentes de preparação, criação de valor, distribuição de valor e implementação liderando outros, construindo confiança, ampliando a influência, liderando pelo exemplo e com comunicação. O desenvolvimento é esperado por todos os termos de autodesenvolvimento, bem como o desenvolvimento de outros com a criação de ambientes positivos.

Realização diz respeito à implementação, obter resultados, integrar tarefas, funções, recursos e prioridades. Mais importante, trata-se de aprender a deixar de fazer apenas de novo e melhor.

VERIFICAÇÃO DE CONHECIMENTO:

1. Dentre outras, newgociação extrai-se extensivamente das literaturas de:

    Ⓐ Matemática e física.

    Ⓑ Governança e liderança colaborativa.

    Ⓒ Cérebro reptiliano ou límbico.

    Ⓓ Literatura inglesa.

2. A liderança compartilhada gera:

    Ⓐ Mais problemas do que vale a pena.

    Ⓑ Produtos e serviços caros

    Ⓒ Soluções mais eficazes em um mundo em rápida mudança.

    Ⓓ Soluções flexíveis

3. Bons líderes:

    Ⓐ Não se preocupam com pequenos problemas.

    Ⓑ Promovem seus próprios pontos de vista.

    Ⓒ Dão ajuda criando padrões de excelência e estabelecendo um exemplo para os outros seguirem.

    Ⓓ São egomaníacos.

★ As respostas detalhadas a todas as perguntas sobre "verificação do conhecimento" e mais podem ser encontradas em Apêndice A, em ordem de cada capítulo.

Conclusão — Nosso Objetivo é a Newgociação

"Você pode observar muito apenas observando"

Yogi Berra

Nossa *técnica 4–10–10 de newgociação* é um lugar para testar opções, analisar o contexto, fazer concessões, melhorar relacionamentos, gerir o poder, reduzir os mal-entendidos, respeitar as regras, determinar normas e gerenciar o tempo. É um dialeto unificado, que ajuda as organizações a falarem na mesma linguagem de newgociação.

Nosso paradigma de newgociação é tanto estratégico quanto tático. Profissionais do setor público tendem a ser estratégicos com o uso de gerentes táticos. Estratégia é sobre a grande figura. É abrangente, missão dirigida, ampla e inovadora. Isso é o que descrevemos em nossas etapas de preparação e criação de valor. Estratégia alinha o pensamento de várias partes interessadas envolvidas. Ela fornece um quadro de ação, libertando energia para uma visão partilhada por meio dos valores fundamentais. Estratégia esclarece a missão ou o propósito ou o "porquê" com comunicação inequívoca. Define metas e responsabilização das partes interessadas e dos negociadores. Táticas que, por outro lado, são os detalhes mais específicos do negócio, como conformidade, padrões, tempo e, geralmente, implementação como um passo.

Táticas são tarefas orientadas, estreitas, mais granulares no escopo para melhorar as operações e métodos. Nosso paradigma de newgociação precisa de ambos. O líder militar e filósofo chinês Sun Tzu, que é creditado com *A Arte da Guerra* reverbera bem: "estratégia sem tática é o caminho mais lento para a vitória. Tática sem estratégia é o barulho antes da derrota". Quando todas as organizações, públicas e privadas, praticam newgociação, as relações entre todos os setores e até mesmo entre todos os níveis de governos melhoram dramaticamente, rendendo resultados melhores e sustentáveis com confiança. Hillary Clinton revelou em seu livro que, tradicionalmente, o Departamento de Estado mal se comunica com o Departamento de Defesa dos Estados Unidos.

Essa tradição de má comunicação, falta de colaboração e planejamento estratégico expuseram algumas das políticas externas mais sérias a erros cometidos nos tempos modernos. Rigidez por cada departamento em silo (fechado) como ambientes cria inibição e claras ineficiências na administração pública. Um desafio mais contemporâneo nesse contexto é o surgimento de várias posições intransigentes sobre vários pontos de vista. Adicionar política a esse mix cria a polarização que nós experimentamos nos Estados Unidos e em todo o mundo. A discussão baseada em interesses será sempre mais produtiva do que a discussão baseada em posição. Por exemplo, a mudança climática, o debate é supostamente enquadrado entre crentes e não crentes. Aqueles que acreditam no aumento da temperatura da Terra culpando a humanidade para a maioria, senão todo o aquecimento global e aqueles que olham por uma culpabilidade mais ampla e natural. No início, o quadro é muito competitivo. Ambos os grupos procuram superioridade sobre o de outros. Esse debate se intensifica todos os dias com rivalidade simétrica entre as várias organizações politicamente motivadas. Infelizmente, a administração pública e o desenvolvimento econômico ficam de costas para o xingamento, portanto, devem ser usadas técnicas mais eficazes de newgociação, que abarcam a ética, a capacidade de se respeitar as diferenças, a escuta atenta dos envolvidos, a franqueza amistosa, a elegância moral e o respeito à identidade dos envolvidos nos conflitos em conceitos tratados no âmbito da responsabilidade social.

O debate precisa de um "embaixador Talleyrand" para mudar a narrativa para uma forma produtiva. Precisamos abordar a mudança climática, no máximo, no nível local para ser impactante. Mais importante, precisamos de colaboração em vez de competição. Presidente Macron, em seu discurso no Congresso dos EUA disse: "Eu acredito na construção de um futuro melhor para nossos filhos, o que requer oferecer-lhes um planeta que ainda será habitável em 25 anos". Alguém discorda dessa afirmação?

Negociadores qualificados, em vez de alimentar incêndios políticos, perguntam: se fôssemos inventar uma opção mais criativa e graciosa ou narrativa na discussão do papel e responsabilidade de cada setor e organização em gestão ambiental deveríamos preservar os recursos naturais da terra que todos nós compartilhamos? Cada setor (público, privado e sem fins lucrativos) tem responsabilidade nesse esforço. Todos eles podem contribuir com soluções reais. Em nossa pesquisa anedótica sobre a discussão das mudanças climáticas, ambos os lados do debate descobriram que ninguém gosta de beber de águas poluídas ou subterrâneas; ninguém gosta de nadar em um óleo que derrame ou respirar do tubo de escape de um caminhão a diesel. Os negociadores concentram-se no que nos une antes de destacar o que nos divide. Ignorar as etapas de preparação e criação de valor de nossas técnicas é fatal para qualquer newgociação. Esse debate tornou-se tudo ou nada e um jogo de soma zero, um quadro muito competitivo para continuar a criar vencedores e perdedores.

Em vez de competir pela mudança climática, podemos colaborar com base em uma missão comum? Ironicamente, os chamados "deniers" (os que não aceitam) que ouvimos com uma mente aberta e com empatia, poderiam se importar muito menos com o aquecimento ou a causa do debate em vez de ter medo do desconhecido ou do que eles dizem ser o "medo do grande governo", soluções propostas para reduzir o aquecimento ou a aplicação desigual de regulamentos, deslocando desenvolvimento econômico de um país para o próximo país no mesmo globo. Ambos os lados do debate temem sem qualquer alinhamento.

A questão importante é se podemos reformular o debate para preparar e criar valor em nosso paradigma de newgociação, trazendo todas as partes interessadas para enquadrar de forma multidimensional e com soluções multissetoriais para salvar a Terra para as gerações futuras? Um debate saudável sobre essas soluções em nossa etapa de distribuição de valor é avançar esse debate positivamente em oposição ao improdutivo. Embora não seja nossa especialidade no assunto, no debate sobre as alterações climáticas com o uso da nossa técnica 4–10–10, substantivamente, podemos ver claramente um caminho por meio do processo. Nosso paradigma e a técnica de newgociação promovem uma visão de abordagem horizontal e sistêmica ao compartilhamento, a fim de criar valor para poder distribuir valor. Yann chama isso de "quebrar os ovos para fazer uma omelete."

Não estamos sozinhos na promoção de compartilhamento ou colaboração. Robert D. Putnam em *Bowling Alone* explica como algumas pessoas e escolas reduziram os acidentes de bicicleta no campus em 30% simplesmente por compartilharem informações entre pais, professores, fabricantes de bicicletas, urbanistas, policiais e cirurgiões especialistas em traumas. A Pfizer melhorou a produtividade simplesmente retirando paredes de seus escritórios para conectar seus funcionários, promovendo compartilhamento e colaboração. O Google instituiu interdepartamentais, dias de rede. A Microsoft criou locais de encontro social, como lojas de café no campus, para promover reuniões informais e colaboração entre seus funcionários.

Conclusão — Nosso Objetivo é a Newgociação

Newgociação é uma técnica que pode ser ensinada. Sendo ensinado e praticado o que pregamos, acreditamos firmemente que todo mundo pode ser um bom newgociador armado com o mesmo léxico de ingredientes que discutimos neste livro. Estamos convencidos de que a aplicação metódica de nossa técnica de newgociação 4–10–10 é o caminho para o futuro avanço dessa arte e ciência que nos liga para a newgociação.

Vamos deixar a vocês uma história e reflexão de desconhecidas origens, mas bastante impactante para o comportamento do negociador.

Um ancião Cherokee sentado com seus netos, em um momento de ensinamento, disse: "Em toda a vida há uma luta terrível — uma luta entre dois lobos. Um é o mau: ele é medo, raiva, inveja, ganância, arrogância, autopiedade, ressentimento e engano. O outro é bom: alegria serenidade, humildade, confiança, generosidade, verdade, delicadeza e compaixão. Uma criança perguntou: avô, qual lobo vai ganhar? O ancião olhou-a nos olhos e, com um sorriso agradável, disse: Aquele que alimentares".

Estamos vivendo dias inesperados e difíceis com o surgimento da pandemia do coronavírus em todo mundo.

A Organização Mundial de Saúde (OMS) fez alerta para o crescimento de mortes inevitáveis nos sistemas de saúde que foram afetados pela pandemia de coronavírus e voltou a reforçar a necessidade de testar todos os suspeitos e de adotar medidas de isolamento social.

Enquanto alguns países sofrem as piores consequências da pandemia da covid-19, (China, Espanha, Itália e EUA), considerada a pior crise global desde a segunda Guerra Mundial, outros implementaram medidas que retardam a expansão do novo coronavírus, com estratégias variadas, da massificação de testes de vírus, isolamento social, quarentenas e monitoramento da população mais vulnerável.

A Alemanha expande o número de exames entre a população, porque acredita que a identificação precoce de portadores do vírus, retarda a propagação da doença, o que traz baixa taxa de mortalidade.

O Japão conseguiu controlar a covid-19, testando pessoas em busca do vírus, identificando grupos de contágio para isolá-los.

A Cingapura possui sofisticado programa de rastreamento de contato, capaz de seguir a cadeia de vírus de uma pessoa para outra.

A Itália criou um centro de análise na região de Vêneto para fazer exame da doença a todos os moradores que assim o desejassem.

Coréia do Sul, tornou exemplo no mundo, onde cerca de 10 mil exames são usados diariamente, o que possibilitou o isolamento da população assintomática, que é um dos principais problemas na disseminação da infecção.

No Brasil, o Ministro da Saúde Luiz Henrique Mandetta, em empenho constante, continua na linha de frente, adotando medidas de isolamento social, indicação de testes e máscaras para quem não tem sintomas de coronavírus.

Estamos vivendo momentos angustiantes, de muita adversidade, há um ideograma chinês que "crise" significa, ao mesmo tempo perigo e oportunidade. Crise, uma oportunidade, uma chance de mudar, de começar pensar de forma diferente, de evoluir, de criar novas maneiras de viver e revela a necessidade de governança colaborativa e newgociação de boa-fé com toda comunidade.

É importante o retorno de experiências de países como a China para beneficiar e acelerar o processo de aprendizado de países como França, Itália e EUA, além de ajudar na cooperação com governança colaborativa a nível de países, como coordenar equipes multidisciplinares entre Militares, hospitais públicos, médicos, mídia, pesquisadores, institutos de avaliação de testes de laboratório através de uma coordenação Intersetorial, com uma necessidade de negociar para solução mais eficaz, porque na administração pública, na maioria das vezes, não existe essa interconectividade, tudo fica em silos, em departamentos ilhados e não se comunicam, travando todo sistema.

Precisamos de políticas públicas eficazes, aos profissionais de saúde que estão na linha de frente para combater essa pandemia, falta equipamentos de segurança, máscaras, aventais, gorros em todo Brasil. Segundo Associação que representam os médicos, é necessário a proteção individual aos médicos e profissionais da saúde, de materiais adequados para o trabalho para se protegerem contra o vírus.

O Brasil é um país mais desigual em termos de renda. O governo deve ampliar os gastos públicos em situação de emergência e garantir que esses recursos cheguem aos médicos, profissionais de saúde e aos hipossuficientes. É preciso ajudar a quem está na linha de frente ao combate da doença e aos mais necessitados com mais agilidade e determinação.

Para garantir a falsa dicotomia entre saúde e economia, o Estado tem que prover o mercado informal, pessoas vulneráveis, sem fonte de renda regular que merecem políticas sociais que garantam a dignidade.

O Diretor da OMS Tedros Adhanoolm reforça o isolamento social e políticas públicas e convoca os países a desenvolverem políticas que forneçam proteção econômica às pessoas que não podem receber ou trabalhar devido à pandemia da COVID-19, solidariedade.

Em todos os setores e também no Judiciário ocorre newgociação, em meio a crise do coronavírus, no intuito de preservar o acesso ao Judiciário e os meios de subsistência da população, o Ministro Dias Toffoli criou o Centro de Mediação e Conciliação, estrutura ligada a Presidência do Supremo Tribunal Federal, visando a implementação de soluções consensuais e pacíficas nos processos judiciais em andamento na Corte.

Ressaltando a importância das pessoas, do planeta e da busca da paz entre as Nações, ocorreu em 10 de agosto de 2020, o II Encontro

Ibero-Americano Agenda 2030 no Poder Judiciário, programado pelo CNJ através do Presidente Dias Toffoli e da Conselheira Maria Tereza Uille Gomes por videoconferência, foi apresentado plano de ação visando debater a Institucionalização dos Objetivos de Desenvolvimento Sustentável – ODS. O Encontro abriu as portas do Judiciário para a busca de soluções efetivas visando adotar direitos e ampliar liberdades, no intuito de criar um Judiciário forte com cidadania respeitada, democracia reconhecida e Direitos Humanos fortalecidos.

Os aspectos econômicos, sociais e ambientais, não podem viver isolados e distantes da sociedade, através de metas e objetivos mensuráveis, o Grupo Mulheres do Brasil, movimento suprapartidário, atualmente com mais de 45 mil voluntárias no Brasil e no Exterior, liderado pela empresária Luiza Helena Trajano é o mais novo integrante da Rede Brasil do Pacto Global, e trabalham buscando o que precisa ser feito, como, quando e onde, e atuam em projetos nas áreas de água, alimentos, agricultura, anticorrupção, direitos humanos, educação, meio ambiente, e também em áreas prioritárias da saúde com o SUS, no intuito de transformar o Brasil e o mundo em um local mais justo e igualitário, erradicando a pobreza e as desigualdades.

Segundo Albert Einstein, "a crise é a maior benção que pode acontecer as pessoas e aos países, porque a crise traz progressos. A criatividade nasce da angústia assim como o dia nasce da noite escura. É na crise que nascem os inventos, os descobrimentos e as grandes estratégias. Os inconvenientes das pessoas e dos países é a dificuldade para encontrar as saídas e soluções. É na crise que aflora o melhor de cada um."

Então, acabemos de uma vez com a única crise ameaçadora, que é a tragédia de não querer lutar para superá-la.

Apêndice A

VERIFICAÇÃO DE CONHECIMENTO:

- Capítulo 1
1. A
2. D

- Capítulo 2
1. D
2. A
3. D
4. C
5. A

- Capítulo 3
1. C
2. B
3. B
4. A

-Capítulo 4
1. C
2. B

-Capítulo 5
1. A
2. A
3. A
4. D

- Capítulo 6
1. A
2. C
3. B
4. A

-Capítulo 7
1. B
2. B

-Capítulo 8
1. C
2. B
3. B

-Capítulo 9
1. B
2. C
3. C

BIBLIOGRAFIA

A. Abbas E. 2018. Fundações da Utilidade Multiatributo. Cambridge University Press. Próximo.

A. Damásio A sensação do que acontece: corpo e emoção em A Confecção da Consciência, Harcourt, 1999

A. Lempereur, A. Colson, Y. Duzert org. Método de Negociação, Editora Atlas. 2008

A. Levitt e Waren Buffett. Enfrente a rua, o que Wall Street e a América corporativa não querem que você saiba. Panteão. 2002.

A. Sen. Ética e Economia. Oxford Publishing. 1988.

B. Cavalcanti, Y. Duzert, E. Marques. Guerreiro Ramos. Editora FGV. 2014

B. Clinton. Dando. Publicação Knopf.

B. Nalebuff e A. Brandenburger. Concorrência. Moeda Jogo duplo. 1997

D. Goleman. Foco, O Motor Oculto da Excelência. Harpista Collins. 2013.

D. Goleman. Pontes suaves. Publicações de Shambhala. 2001

D. Goleman. O Cérebro e Inteligência Emocional. Batham livros. 2014

David Lax e James Sebenius. Negociação 3-D: Ferramentas Poderosas Para Mudar o Jogo em Seus Negócios Mais Importantes. Harvard Jornal universitário. 2011

D. Whitney. Liderança Apreciativa. McGraw Hill. 2010

E. Schmitt. Nova Era Digital. Publicação Knopf. 2013

F. Saltman. Votre Meilleur Remède c'est Vous. Albin Michel. 2013

F. Varela Mente Incorporada. MIT Press F. Zerunyan e P. Pirnejad. Das cidades contratadas à massa

Governança Colaborativa. Cidade Americana e Município. Abril de 2014

F. Zerunyan e Tatevik Sargsyan. Análise de Legislativo e Quadros Institucionais de Regulação Ética no Público Sistema de Serviço. Administração Pública Scientific Journal Republic da Armênia. Junho e dezembro de 2016

G. Cavalcanti. Decolando Para o Futuro. 2012

G. Klein Fontes de poder. Como as pessoas tomam decisões MIT Pressione. 1999

Guhan Subramanian. A Nova Estratégia de Negociações. H. Movius e L. Susskind. Construído para ganhar. Universidade de Harvard Pressione. 2009

H. Raiffa Análise de Negociação: A Ciência e a Arte de Decisão Colaborativa. 2004

H. Raiffa A Arte e Ciência da Negociação. Universidade de Harvard Pressione. 1993

H. Simon. Modelos de Racionalidade Vinculada. MIT Press. H. Simon. Modelos de Racionalidade Limitada. MIT Press. 1997

Ingrid Paola Stoeckicht, Dorval Olivio Mallman, João C. Men, Yann Duzert. Negociação internacional. Editora FGV. 2014

J. Attali. Française da Urgência. Edições Fayard. 2014

J. Casablancas. Vida Modelo. Agir 2008

J. Gray. Os Homens são de Marte, as Mulheres são de Vênus. HarperCollins. 2004.

J. MacGregor Burns. Liderança. Harper Político Perene Clássicos 2010

J. Sebenius e Lax. O gerente como negociador. Imprensa livre. 2011

J. Sebenius, A. Lempereur. Y. Duzert Manual de Negociações Complexas Editora FGV. 2004.

J. von Neumann e O. Morgenstern. 1947. Teoria dos jogos e comportamento econômico, 2ª ed. Princeton, NJ: Universidade de Princeton pressione

J. Welsh. Direto do Intestino. Business Plus. J. Welsh. Ganhando. Harper Collins. 2013

J.P. Dupuy Sobre as Origens da Ciência Cognitiva: A Mecanização da Mente. MIT Press. 2009

K. Arrow, R. Mnookin, L. Ross, A. Tversky, Y. Duzert. Obstáculos para Resolução de Conflitos. Editora FGV/Saraiva. 2007.

L. Susskind, Y Duzert, A. Lempereur. Faciliter la Concertation. Edições Eyrolles. 2010

L. Susskind, Y. Duzert. J. Cruickshank. Quando a Maioria Não Basta. Editora FGV. 2008.

L. Susskind. Bom para você, ótimo para mim. Assuntos Públicos. 2014

M. Bazerman. Surpresa previsível. Perseus Publishing. 2008.

M. Bazerman. Com revisão técnica Yann Duzert. Processo Decisório. Editora Campus. 2014

M. Hardt e A. Negri. Império. Harvard University Press. 2000.

M. Mobius Passport para lucrar. Publicação Grand Central. 2000.

M. Naim. O Fim do Poder. Livros básicos. 2013

M. Seligman. Felicidade Autêntica. Livros Atria. 2004

M. Wheeler. A Arte da Negociação: Como Improvisar Acordo em um Mundo Caótico. Simon & Shuster. 2014

M. Wheeler. O que é justo? Ética para os negociadores. Jossey Bass. 2004

N. Berggruen. Governança inteligente para o século XXI. Polity. 2012

Nassim Nicholas Taleb. Cisne Negro, O Impacto Do Altamente Improvável. Casa aleatória. 2010

R. Bellino. 3 Minutos para o Sucesso. McGraw-Hill. 2006

R. Cialdini. O Poder da Persuasão. Harper Collins. 2013.

R. Mnookin. Negociando com o Diabo. Quando Dialogar, Quando Lutar. Simon & Schuster. 2011

R. Howard, A e A. E. Abbas. 2015. Fundamentos da Decisão Análise, Pearson, NY, NY.

R. Putnam. Jogando Boliche Sozinho. Simon & Schuster. 2001

R. Reich. Supercapitalismo. Knopf Doubleplay. 2007

S. Covey. Sete Hábitos das Pessoas Altamente Eficazes. Imprensa livre. 2004

S. Covey. Confiança Inteligente. Simon & Schuster. 2013

S. Covey. Velocidade de Confiança Simon & Schuster. 2006

S. Sinek Comece com o porquê. Livro de pinguim. 2009

T. Cooper O administrador responsável. Jossey-Bass / Wiley, T. Shilling Estratégia de Conflito. Harvard University Press. 1960

W. Chan Kim e Renée Mauborgne Ocean W. Ury. Indo para o Past No. Random House Publishing Group. 2009

W. W. Norton & Company. 2011

Y. Duzert, A.T. Spinola A. Brandão. Negociações empresarias. Editora Saravia. 2007 Y. Duzert, A.T. Spinola F. Lustosa. Aprendiz Legal. Editora FRM.

Índice

Símbolos
4º setor 1-32

A
A Arte da Guerra 170-176
  Sun Tzu 170-176
abordagem metodológica xiv-xxii
Acordo de Paris 9-32
administração pública xvii-xxii
advogado 40-46
África 7-32
agressivo 30-32
Airbus 20-32
Ali Abbas vii-xxii
Amazônia 7-32
ANAC 3-32
análise de risco vii-xxii
Anatel 3-32
Aneel 3-32
ANP 3-32
ANS 3-32
ansiedade 52-68
Anvisa 3-32
Apple 5-32, 7-32
assertivo 30-32
autoconfiança xiii-xxii
autoritário 47-68
autossuficiente 158-168
aviação civil 3-32

B
Bacia de Campos 4-32
baixa autoestima 52-68
bancada rural 22-32
Banco do Brasil 5-32, 15-32
Banco Mundial 91-138
Barak Obama 66-68
BATNA 140-146
Bill Clinton 66-68
biocombustível 4-32
biodegradação 6-32
Bloomberg 91-138
BNDES 4-32
Boeing 20-32
Brasil xx-xxii
Brumadinho 22-32

C
Caixa Econômica Federal 5-32, 15-32
Câmbio Verde 7-32
capitalista 61-68
capital social 91-138
Carnegie Institute of Technology xiii-xxii
China xx-xxii, 4-32
Ciclos virtuosos 21-32
cidade 75-82
ciência xvii-xxii

CNPC 4-32
Código Florestal 9-32
cognição 89-138
colaboração xix-xxii, 20-32, 159-168
Collin Powell 158-168
competitivo xiv-xxii, 30-32
Compliance Público 5-32
comunicação xiii-xxii
comunidade xviii-xxii
concessão 90-138
condições fisiológicas xiv-xxii
conduta imprópria xviii-xxii
confiança xxi-xxii
conflitos de interesse 37-46
Confúcio 6-32
Congresso Nacional 22-32
Constituição Federal 4-32
controlador 52-68
corporativo xx-xxii
Córrego do Feijão 24-32
Correios 5-32, 15-32
corrupção 20-32, 40-46
crescimento econômico 17-32
criação de valor 147-156
critérios 90-138
Cruz Vermelha 7-32
cultura xxi-xxii

D

delação premiada 20-32
Departamento de Defesa dos Estados Unidos 170-176
desemprego 27-32
desenvolvimento humano 25-32

diálogo 159-168
Dias Toffoli 23-32
Donald Trump 17-32
Dráuzio Varella 7-32

E

Ecocidadão 7-32
Ecoelétrico 11-32
educação ambiental 6-32
Educação Ambiental 7-32
elegância moral xxi-xxii
Eletrobras 5-32, 15-32
Emanuel Macron 66-68
Embraer 20-32
empatia xiii-xxii
energia elétrica 3-32
engenharia humana xiii-xxii
Enron Corporation 2-32
era digital xxi-xxii
estado de direito 2-32
Estados Unidos da América xviii-xxii
ética xv-xxii
exclusão social 20-32
ExxonMobil 144-146

F

facilitador 56-68
falência 2-32
família xx-xxii
FGV 54-68
filantropia 8-32
Forbes xiv-xxii
França xx-xxii
Frank Vram Zerunyan
Fundação Getúlio Vargas xix-xxii
fundações públicas 3-32
furacão Katrina 11-32

G

G20 16-32, 17-32
ganha/ganha 17-32
gentil 30-32
gestão da identidade xxii
Gestão de Resíduos 6-32
gestores públicos xiv-xxii
global xiv-xxii
Governança xviii-xxii
  colaborativa xvii
  corporativa xviii-xxii
  ética xix-xxii
governo 74-82
guerra xx-xxii

H

hábitos xvii-xxii
Harvard 87-138
Harvard Business Review 8-32
Heinrich Böll 42-46
Hewlett Packard 5-32
Hillary Clinton 170-176
honra 53-68

I

influências humanitárias 49-68
iniciativa xiii-xxii
INSS 9-32
integração 159-168
integridade xxi-xxii
inteligência xiii-xxii
  emocional xiii-xxii
  técnica xiv-xxii
interação xiv-xxii
interesse público 2-32
internet das coisas 10-32
inveja 49-68
Itália xx-xxii

J
Jair Bolsonaro 17–32
juiz 40–46
justiça social 2–32, 40–46

K
Kenneth Arrow 54–68

L
latim xx–xxii
legislação tributária
  58–68
Liderança 158–168
  apreciativa 159–168
  sustentável 160–168
L'Oréal 58–68
Louis Albert de Broglie
  7–32

M
Madre Teresa 64–68
Mandela 64–68
Martin Luther King
  64–68
Max H. Bazerman
  87–138
Médicos Sem Fronteiras
  7–32, 91–138
medo 52–68
Mercosul 16–32
millennials 10–32
Ministério da Justiça
  19–32
  CADE 19–32
Ministério do Exterior
  17–32
Ministério Público 20–32
MIT 54–68
Motivações egocêntricas
  100–138

N
Nações Unidas 91–138
Napoleão 50–68
negociação xx–xxii
negociador 47–68
networking 15–32
Newgociação xviii–xxii
Newgotiation Inc
Nova Orleans 11–32

O
OAB 22–32
OCDE 17–32
ONGs 1–32
online 18–32
organizacional 22–32
Organizações Privadas
  xviii–xxii
OS 1–32
Os seis elementos de uma
  decisão 74–82

P
padrão de mercado
  90–138
padrões éticos 105–138
paradigma xix–xxii
Parceria 161–168
pedagogia 160–168
Petrobras 5–32, 15–32
Peugeot 16–32
Planejamento Urbano
  7–32
poder 89–138
polarização 27–32
Políticas Públicas vii–xxii
prata rara xix–xxii
preço 25–32
prefeito 43–46
Prêmio Nobel 54–68
prêmio Pulitzer 159–168

Projeto Manhattan
  164–168

Q
quadro competitivo
  102–138

R
Raquel Dodge 23–32
realidade econômica
  49–68
reciprocidade 102–138
recursos hídricos 3–32
redes sociais xxi–xxii
reforma da Previdência
  22–32
relacionamento sustentá-
  vel 139–146
reputação xxi–xxii
responsabilidade xxii
responsabilidade social
  8–32
Rio de Janeiro 4–32
Robert Shriver 7–32
Rolling Hills Estates
Ronaldo Caiado 5–32

S
seminários acadêmicos
  xx–xxii
sentimento xviii–xxii
Sérgio Moro 41–46
  Operação Lava Jato 20
serviço público 3–32
setor privado 2–32,
  86–138
setor público vii–xxii
sociedade 3–32
  global 3–32
Standby Task Force 12–32
Starbucks 7–32

Steve Jobs 66–68
submisso 30–32
sustentabilidade 11–32

T
Talleyrand 50–68
táticas xix–xxii
técnica 4–10–10 70–72
técnica de negociação 111–138
telecomunicações 3–32
tempo 90–138
testosterona 49–68
trabalho social 14–32
transparência xxi–xxii

Tribunal Superior Eleitoral 8–32

U
U2 7–32
Unesco 6–32
União Europeia 16–32
Universidade do Sul da Califórnia

V
vida cotidiana xvii–xxii
vieses cognitivos 79–82
vieses motivacionais 79–82

visionário 63–68

W
Wall Street 2–32, 61–68
Warren Bennis 2–32
Watergate 41–46

Y
Yann Duzert v–xxii
YouTube 62–68